阿錦海產
砂鍋魚頭
原汁排骨湯
魯肉飯
80 80 50 20 60 60

70元 鯛魚炸
70元 蝦炸
60元 花枝炸
60元 豬肝炸
60元 紅燒肉
60元 蚵仔炸
25元 肉粥

旅、そして料理

旅先で食べたもの、見たもの。そして、旅先で出会った人の言葉を頼りに、想像を膨らませて料理をする。思えば、料理の道を志してイタリアへ飛び立ったあの時から、私の〝旅と料理〟は始まっている。

料理を教えてくれる人がいると聞けば、どんなに遠い地であろうともその人のもとへ飛んで行った。南へ、北へ。山へ、海へ。そもそも、イタリアで料理を学びたいと思ったのも、おいしい料理を日々作って食べている国の人たちならば、きっと誰かが料理を教えてくれるに違いないという、至極単純な思い込みがきっかけだった。

ホームステイ、料理学校、料理教室など、料理を習えるのであれば場所は問わなかった。しかし、学校や教室など、レシピありき、分量ありきの学び方はどこか退屈だったり、窮屈に感じたりすることも少なくなかった。

料理の仕事を始めてからいまに至るまで、レシピを書く時にはいつも神経をとがらせてきた。私にとっていいレシピとは、素材が変化してゆく様、匂い立つ香りや弾ける音、料理する人の手の動きや、見るべきところを、丁寧に言葉にして綴ったものだ。同時に、料理を作る人に、自由や余白を与えてくれるものであって欲しいと思っている。この材料がないと作れない、分量通りに作らないとおいしくできない。そうやって、レシピに縛られるのではなく、もっとゆるやかな気持ちで接してもらいたい。〝書かれている材料の代わりにこれを使ってみようか？〟〝あれを加えたらもっと家族が喜ぶかな？〟……本当の意味でレシピがその人のものになってくれたら、うれしい限りだ。

また、どんなに料理を作る人のことを考えて書かれたレシピであっても、ひとつのレシピからまったく同じ料理を生み出すことは叶わない。食材、季節、道具、火加減、味の好み、体調など、料理の味はさまざまなことに左右される。だからこそ、私が大切にしたいと思うのは、出来上がった時の感動を想像する力だ。

料理から得る感動は、特別な日の料理だけに限られたものではない。日々の当たり前の料理にこそ、大きな感動があると、私は思う。母や叔母が作ってくれたふだんのおかず、旅先の家や食堂で出合う飾り気のない料理……。たとえば、ほどよい酸味が出るまで漬けた白菜、細く細く切ったごぼうの天ぷら。小さく切った野菜を炒めもせず、水とオリーブ油と塩を入れて煮ただけのミネストローネ。簡単そうに見えて、どれも塩梅が大切な料理ばかりだ。

写真はおろか、言葉に綴られてすらいないレシピたち

イタリアでは、学校や教室で数え切れないほどの料理を学んだ一方で、市場の八百屋さんのお兄さん、電車で相席になったおじさんやおばさんたちとの会話の中で学ぶ、いわば口承のレシピに挑戦する楽しさを見出した。「この野菜はこうやって食べるといいよ」「うちでは昨日こんな料理を作

って食べたよ」そんなエピソードを大急ぎで頭の中に書き留め、家に帰るまでの道すがら、〝どんな料理になるんだろう？〟と想像する。材料を買い求め、自分の台所に立ち、改めて伝えられた言葉を思い出しながら作ると、自分でも驚くほど、おいしい料理が出来上がった。見ていないからこそ、想像力が精一杯働き、目の前にある素材とより対話ができるのかもしれない。そういう意味では、写真はおろか、言葉に綴られてすらいないレシピこそが、私にとっては最良だと思うようになった。

しかし、ここ数年、訪れる機会が増えたアジアの国々では、現地の言葉を学んだことがないため、レシピを読むことも、聞いて覚えることも叶わない。その分、私は 市場で目に飛び込んでくる食材を観察し、目の前に運ばれてくる料理を一心不乱に味わう。まずは何も考えず、ただ食べる。そして、食べながら、またはすっかり食べてしまってから、ようやく考える。〝何が入っているんだろう？〟〝どうやって作ったんだろう？〟近頃では、たいていの料理は、食べれば大体の作り方はなんとなく想像がつくようになったが、たまに厨房を覗かせてもらうと、あっと驚くようなおいしさの秘密を見つけることも少なくない。その秘密を大切に持ち帰り、自分の台所で記憶を引き出し、手を動かす。出来上がった料理を食べて、歓喜したり、〝うーん〟と考えてまた試してみたりと終わりはない。

その一連の作業が楽しくて、私はますます〝旅と料理〟に夢中になっている。

旅、そして料理　17

インド

イタリア

＊本書は、『フィガロジャポン』２０１８年７月号および、同誌連載「旅と料理。」２０１９年３月号から２０２１年４月号までと、フィガロ．ｊｐ掲載分を加筆・修正し、再編集しました。

旅

台湾　―台北　*taipei*
韓国　―大田　*daejeon*
フランス　―イル・ド・レ　*île de ré*
モロッコ　―マラケシュ　*marrakech*
中国　―雲南　*yunnan*

台湾　―台北　*taipei*

荷造りをし、家を出て、空港へ行き、出国をし、飛行機に乗り、長い列に並んで入国手続きをして、ようやく街に入る。その時間は決して有意義なものと思えることばかりではないが、空間の移動にそれ相応の時間がかかるのは、世の中のいろいろなものが進歩したいまも、変わらぬことのひとつだ。

台北は、私にとって近いようで遠く、知っているようで何も知らない街。でも、訪れると、まるで自分の暮らしている街にいるかのような、不思議な安心感に包まれるのはなぜだろう。

初めて訪れたのはとある冬、夫となる人と旅をしたのが台北だった。その後、台湾のお茶を求めて旅をする友にいざなわれるようにして、小さな娘を連れて再びその地を踏んだ。列車に乗り花蓮《ホワリェン》へ。高鐵《ガオティエ》で台南へ。飛行機で台東へ。台北を出ると、目に飛び込んでくる色があり、心に刺さる景色があった。花蓮では、いまは亡きお茶屋のお父さんに、初めてごはん作りを教わった。店の裏にある小さなガスコンロで次々と出来上がってゆく料理。床には何種類もの青菜を綺麗に洗って水に浸してある鮮やかな色のバケツがいくつも並び、次に火を通されるのをいまかいまかと待っている。豆干（水分を切り、燻した豆腐）やいりこを少し加えると青菜炒めにこくが出ること、青菜によって最初に炒める香味野菜の組み合わせを変えること、青菜を浸していたバケツの水は火と油の魔法で驚くほど香り高いスープになること。レシピを書き留めた旅のメモを開くと、青菜炒めのページはぎっしりと字で埋め尽くされていて、当時の気持ちの高揚が伝わってくる。青菜炒めとひと言でくくることはできないほどに、それぞれの青菜はその香り、色、食感すべてにおいて、自らの個性を声高に主張した。「私がこんなにいい香りになるって知っていた?」「私は火が通った瞬間に美しい薄紫に変わるの!」「私は生の時からは想像もつかないほどに変身しただろう?」

いつも旅に出ると市場を歩くのが何よりの楽しみだが、料理をする場所を持たない旅人にとっては、どんなに魅力的な食材が並んでいても、遠くから眺めるだけに過ぎない。心沸き立つけれども、自分ではどうすることもできないもの。それは、美術館で絵を見る行為とどこか似ているのかもしれない。

しかし、花蓮の台所で過ごした時間は、私をただの旅人から、料理をする者の目線へと変えてくれた。あれから何度となく台湾を訪れているが、旅の目的は料理であることがほとんどだ。市場に出かけ、食材を見つめ、どう料理するかを想像する。冒険心で未知の食材に手を伸ばし、台所で記憶の中にある味を引っ張り出して手を動かすのは、旅先の料理ならではの醍醐味だ。使い慣れたはずの野菜でも、台湾の野菜で料理をすると思ったような味が出ずに、焦り、落胆することもある。でも、それもまた旅なのだ。

そして、旅は、日本に帰ってからも、料理を劇的に生まれ変わらせてくれる起爆剤だ。台湾、中国、韓国、モロッコ、フランス、イタリア……。行く先々で、食材が、台所が、私を待っていてくれる。そこに身を委ね、空想を巡らしながら、私は生きている限り料理をし続けるだろう。

台湾の友人、小曼の話

国立台湾師範大学近くで台湾茶や中国茶の店とギャラリーを営む友、謝小曼。謝が姓。小曼が名。彼女の店の名前でもある「小慢《シャオマン》」と、呼ばせてもらっている。

大通りを曲がり、雑貨店や飲食店が並ぶ通りに沿って歩き、三本目の筋を入ったところに「小慢」はある。玄関脇には、大きな木が空に向かってせり出すように伸びており、その枝には繊細な緑の葉が茂っている。店の前と隣の建物にある自宅のテラスだけが、こんもりとした、涼しげな緑で覆われているのだ。そして、私はいつもその風景を眼にした瞬間、ああ、台北に着いたのだと実感する。実際、幾度となく訪れた台湾で、シャオマンに会わなかったことはほとんどない。いつもその歌うようなやわらかな声と、小柄ながらも力漲る体、そして、優しさと鋭さの入り混じった瞳で迎えてくれる彼女のことを、私は段々と台湾の家族のように感じるようになっていった。

家族と感じるようになったもうひとつの理由には、シャオマンの息子である、ユーウェンの存在も大きい。「学生時代に専攻したインテリアと同じくらい料理が好きだというユーウェンに、ぜひ亜衣のところで勉強をさせて欲しい」というシャオマンからの強い依頼で、台北に始まり、松本、多治見、熊本、京都など、本当にいろいろな場所で一緒に料理をした。息子であってもおかしくないほど歳の離れた彼は、朝早くから夜遅くまでの仕込みや、買い物まですべてを助けてくれ、私のことをいつも優しく気遣ってくれる頼りになる片腕でもある。外国の青年に料理の手伝いをしてもらう日が来るとは、まさか思っていなかったが、黙々と二人で作業をしながら台所で過ごす時間を重ねるたびに、心地よさが増してゆくのがわかる。

そして、次第に、シャオマンは私が台北で料理をする機会を作ってくれるようになった。料理教室や、日本の工芸作家の展示会に合わせた料理会など……。ありがたいことに、帰る時には次の予定がもう決まっていて、私はそのたびに台湾を訪れている。

滞在中は買い出しや仕込みに忙しく、観光はままならないのが常だ。しかし、シャオマンは私が料理の合間にも心地よく、楽しく過ごせるようにいつも気遣ってくれる。朝食屋でのとびきりおいしい朝ごはんに始まり、会の合間の一服の茶、夜は、「今日は何食べる？」と毎晩選り抜きのおいしい店に連れて行ってくれる。食卓にぎっしりと並べられた大皿を囲み、酒を酌み交わし、たくさん笑ってお腹一杯食べる。その時間から学ぶことは少なくない。そこで、私は、目の前の料理を見つめ、匂いを吸い込み、口に運び、咀嚼する。そうやって蓄積された記憶の襞から、旅のかけらを取り出すようにして生まれる料理。それらは、私自身にとって、そして、私を日本で待ってくれている人たちにとっても、何物にも代えがたいものになる。だから、私は家族や友人への旅のお土産は、いつも〝料理〟と決めている。

小曼が扉を開けてくれた、茶の世界

「小慢」には、彼女の厳しい舌と審美眼によって選ばれた、格別においしい茶と美しい茶器が並んでいる。だから、「亜衣ィ、お茶飲むゥ？　何が飲みたいィ？」と、台湾風のイントネーションが混ざった、独特の語り口で尋ねられると、たとえどんなに忙しくても「いただきます」と腰を下ろす。シャオマンがこだわって選び、淹れてくれるのは、自然生態茶と呼ばれる自然栽培の貴重な茶だ。それらを長い年月にわたり、確保するための努力は計り知れない。中国茶の世界を知らない人間にとっては、驚くような価値のある茶も少なくないが、飲むたびに、〝ああ、シャオマンの選ぶ茶は本当においしい〟と素直に思う。古い茶の木は、茶に関わる人たちにとっては、とても貴いものだ。だからこそ、中国・雲南省の旅で、樹齢数百年の茶の木が柵に囲われて大切にされているのを目の当たりにした時には、〝古樹茶《こじゅちゃ》〟と呼ばれる古木の葉から作られた茶のありがたさを身に沁みて感じたのだった。

そして、シャオマンに貴重な茶を淹れてもらう機会に恵まれ、次第に思うようになったことがある。それは、茶そのもの、あるいは食事に合わせて茶を愉しむだけではなく、茶葉を料理や甘味《かんみ》に生かすことはできないか、ということだった。

「小慢」でのとある料理会の最後に、私はその思いを密かに形にしてみた。烏龍茶の香りを移したミルクゼリーに、爽やかな黄色い柑橘で作った氷菓をのせた、冷たい甘味。柑橘の酸味は、しばしば茶の風味の邪魔をする。正直、シャオマンが気に入ってくれるかどうか、心配で仕方なかった。だから、「これ、おいしいねぇ、亜衣ィ」と、満面の笑みをもらった時には、とてもうれしかった。同時に、私の中でひとつの冒険心のようなものが芽生えてゆく。

香りを重んじ、煎を重ねるごとに変化してゆく中国茶には、食材としての大きな可能性があるのではないか？　だとしたら、いつか、茶葉や淹れた茶そのものをいろいろな形で生かす料理を作ってみたい。日本に帰り、さっそく、中国茶の会を開いている友に相談し、どの茶がどんな料理に合うのか、あるいは邪魔をするのかを教えてもらいながら、自分なりに茶を使った料理を考えては、試行錯誤を繰り返した。

「京都小慢」にて開いた冬茶会

そして二〇一九年一月、私にとって記念すべき時が訪れた。シャオマンが二〇一八年に京都御所の北に位置する京町家を改装して開いた「京都小慢」にて、二人で、冬茶会を開くことになったのだ。茶人はシャオマン、彼女の淹れる茶に合わせて私が料理を作る。なんという幸せだろう。迷わず選んだ主題は、〝茶と料理〟だった。

茶の繊細な香りや味わいをどうしたら料理の中で生かすことができるのか、考えを巡らせる。シャオマンが選び、淹れてくれる茶の価値やおいしさを知れば知るほど、その味や香りを殺してはいけない、という気持ちが強くなってゆく。

茶会の前日、用意してもらった何種類もの茶を、シャオマンとユーウェンと三人で味わう。まず、茶則《ちゃそく》に盛った乾いた茶葉の香りを嗅ぎ、次に茶壺《チャフウ》の中で湯を含んだ茶葉の香りを嗅ぐ。何煎か口に含み、舌に残る味わいと鼻に抜ける香りを感じ、最後に茶杯の残り香を、ぐっと吸い込む。すべての要素を目一杯、自分の中に封じ込めながら、献立のどの部分にどの状態の茶を組み合わせるのかを考える。乾いたままの茶葉、淹れたての茶そのもの、何度か湯を通してやわらかくなった茶殻、それぞれの段階を、どんな風に、どの料理に合わせるのがいいのだろう？

私は、ひとつの料理に多くの要素を盛り込むことを好まない。それは、使う素材の輪郭をはっきりとさせたいからだ。〝茶と料理〟の構成を考えるにつれ、その思いは、より一層強くなってゆく。茶を生かすには、自ずとさまざまなものを省いてゆく必要があるに違いない。

シャオマンと茶会を開くにあたり、真っ先に作りたいと思ったのは、私流の〝台湾的な〟料理だった。ただ、何度台湾への旅を重ねたところで、私に地元の人々のような料理が作れるようになるわけではない。それを承知の上で、あえて、台湾の食卓にも自然と溶け込める料理にしたいと考えた。幾度となく連れて行ってもらった台北の食堂の味。ともに旅をした、台南や台東、花蓮、新竹《シンチュー》などの街で食べた数々の料理。市場で出合った、土地ならではの食材。さまざまな味がぐるぐると頭の中を駆け巡り、少しずつ作りたい料理が思い浮かんでゆく。そして、シャオマンが目の前で淹れてくれる茶を前に、再び考える。「京都小慢」で冬茶会を行うにあたり、京都の冬の素材をどんな風に料理すればいいのだろう?

ユーウェンと一緒に市場を歩きながら、レシピを少しずつ修正して買い出しをする。聖護院かぶら、壬生菜《みぶな》、畑菜《はたけな》……。うん、きっと合う。そんな思いで台所で手を動かしてゆくうちに、自分がいつになく油と塩を使っていないことに気がついた。オリーブ油と塩を味つけの基本とするイタリア料理が勉強の出発点だった私にとって、どんな国籍の料理であるにせよ、油と塩はとても大切なものだ。しかし、茶を生かそうと思えば思うほど、使う油と塩の量は、本当に必要な分だけになってゆく。それと同時に、改めて感じた水の力。水がなければ茶は成立しない。それは料理においても同じで、水――それは時に湯であり、時に蒸気でもある――こそが、茶と料理を結びつけてくれるものだという思いが強くなった。

茶会の朝、京都では雪が舞った。玄関の外で子犬のようにはしゃぐシャオマンの声を遠くに聞きながら、無我夢中で準備をする。会が始まり、駆け抜けるように料理を出し、みなが最後の茶を愉しんでいるところをぼんやりと眺めながら、一息つく。「そういえば、今朝、献立を紙に書くから何を作るか教えてと言われたけれど、その紙はどこにあるのだろう?」ふと、食卓に目をやると、そこには食卓全体を覆うほどの、大きな韓紙《ハンジ》に書かれた献立が、まるで風景の一部のように敷かれていた。流れるようなシャオマンの文字。一枚の絵のような、世にも美しい献立。

冬茶會　二〇一九年一月

揚げ菊芋とむかご・農民普洱
聖護院かぶらと百合根の曬青山茶蒸し
鯛と清境貴妃茶のわんたん
白菜、壬生菜、つまみ菜の普洱茶油炒め
豚肉と黄白菜の梅干菜蒸し・黄白菜と白暑貴妃茶
茎烏龍茶飯
牛乳ゼリーと晩白柚・文山包種茶蜜

茶・謝小曼　　料理・細川亜衣

料理の道を志し、時に迷いながらも、ひたすらに進んできた。料理をしてきてよかった、と思う瞬間はいままでにも数多くあった。しかし、これほどまでに、料理とともに生きてきた自分を誇りに思ったことはなかったかもしれない。雪の降る京都でシャオマンとユーウェンと過ごした時間。

茶と料理について、考えを巡らせ、手を動かし、自分の舌や鼻で感じた記憶は、これからの私の大きな支えになってくれるだろう。

中国、インド、台湾、フランス、イタリア……。シャオマンと私の、〝茶と料理〟を巡る旅は世界のあちこちへ、果てしなく続いてゆく。歳を重ね、旅をするたびに増える、国籍も年齢も違う、家族のような友。そして、彼らが暮らす家。それらは、私にとって、自分の家族や家と同じくらい大切な、かけがえのないものとなっている。

〝旅と料理〟は、家と家族につながってゆく。そして、料理が結んでくれるものは、いつだって抱えきれないほどの幸せにあふれている。

韓国　―大田《テジョン》 daejeon

久しぶりに訪れた韓国で、強く印象に残った料理がいくつかある。『えごまのスジェビ（すいとん）』、そして、干した野草を炊き込んだご飯だ。いずれも素朴な料理だが、その味、その香り、その風情。ずっと心の奥に刻まれている。

大田という、ソウルから高速鉄道で一時間ほど南下した街に、私の熊本の料理教室に通う生徒さんが暮らしている。彼女は日本で生まれ育ったが、大恋愛の末、三十年前に韓国に嫁いだ。地元で和食を教えるほどの料理好きで、韓国と日本の距離もいとわず、はるばる熊本まで足繁く通ってくれている。そんな彼女が、韓国の食にまつわる旅にいざなってくれることになった。韓国には何度も行ったことはあるが、言葉もわからず、知る人もなく、奥の奥までは入れないもどかしさをいつも感じていた。料理は何を食べてもおいしいが、どういう成り立ちなのかがわからない。知りたいことはたくさんあっても、糸口が見つからない。それが、急に親戚ができたような気持ちで、久しぶりに韓国へと旅立つ。ソウルに一泊し、翌朝、高速鉄道に乗ってテジョンで降りると、彼女が駅のホームで両手を広げて笑顔で迎えてくれた。旅先で知る顔を見つけた時の安心感は、世界中、どこに行っても同じだ。

駅に着くやいなや、まずはその足で市場へ出かけることになった。野菜や干し野菜、魚介に肉、海藻、ごま油やえごま油、唐辛子、塩、漬物、みそなど、見て、香りを嗅ぐだけで体が韓国料理に染まってゆく。その勢いに圧倒されながらも、ソウルの市場と比べると、どこかのどかで、地方都市ならではの寛ぎを感じ、ほっとする。

そして、待ちに待った昼ごはんは、「先生がテジョンにいらしたら、絶対に食べて欲しい」と言われていた、えごまのスジェビに決まった。市場からバスに乗り、着いたのは、住宅街の中にある一軒の食堂。えごまのスジェビやあさりのカルグクス（うどんのような手打ち麺）などの小麦粉料理が名物だという。卓上には大根と白菜のキムチが塊のまま置かれている。あとははさみでどうぞ、という韓国スタイル。食べてみると、どちらも私好みの発酵が進んだ味で、期待が膨らむ。

「スジェビとカルグクス、両方頼みましょう」ほどなくして運ばれてきたのは、顔がすっぽり入りそうなくらいの、大きな鉢に盛られたスジェビだった。スジェビの注文は二人前からとのこと、器も大きければ、中に盛られた量もかなりのものだ。食べきれるのか……と不安が募る。具は、ホバク（韓国かぼちゃ）とねぎがほんの少々。何はともあれ、まず汁を一口。淡い緑色はえごまの色だろうか。とろん、と白濁しているのは豆乳？　微かに青唐辛子とにんにくの香りも感じられる。次にスジェビを一口。熊本のだご汁の〝だご〟によく似た形のスジェビは、むっちりとして、よく練られた生地は、こしがあるのにほどよくやわらかで、絶妙な食感がとてもいい。汁、スジェビ、キムチ、汁、スジェビ……順々にスッカラで口に運ぶ。〝ああ、永遠に食べていたい……〟そして、気がつけば完食していた。あさりのカルグクスは、スジェビと同じ生地を薄くのばして細く切ったものだが、あさりのだしと上にのせるキムチの辛さや酸味が合わさって、これもまたくせになる味だった。それにしても、スジェビもカルグクスも麺自体が本当においしい。韓国に来ても、冷麺以外は麺料理を積極的に食べたことがなかったことを、いまさらながら後悔する。中国やイタリアの麺にも匹敵する、韓国の粉料理、恐るべしだ。スジェビはぜひ家でも作ってみたいと、汁の作り方を帰りがけに店主にたずねてみたが、〝秘密〟とのこと。ただ、汁の独特のとろみは豆乳ではなく、もち粉で出しているということは教えてくれた。

帰りのバスに揺られながら、韓国料理の奥深さをしみじみと感じていた。まだ、この国のことを私は何も知らない。もっとたくさんの味を知り、韓国という国を舌から、少しでも理解したいという思いが募る。そして、熱々のすいとんですっかりお腹が膨れた私たちが向かった先は、やはり、食にまつわるところばかりだった。もち菓子屋、漢方茶の店、ホットクの屋台、花梨茶の屋台、マート（韓国では大きなスーパーマーケットのことをマートと呼ぶ）……。ひたすら食べ、飲み、見て、聞き、韓国の食を知るのに奔走した。

韓国で一度は食べてみたかった、『豆もやしのご飯』との出合い

盛りだくさんの一日も終盤に差し掛かり、今度は夕飯の相談が始まる。いろいろな提案をいただ

いたのだが、かねてから韓国で食べてみたかったものがあり、思い切って訊ねてみることにした。

「豆もやしのご飯が食べられるお店をご存知ですか？」豆もやしを米と一緒に鍋で炊き、辛いたれをかけてよく混ぜて食べる炊き込みご飯だ。母から受け継いだ、端が破れてもなお愛読している韓国料理の本に載っている。その写真が魅力的で、レシピを目で追いながら、いつか、本場・韓国で食べてみたいという思いを温め続けてきた。

「豆もやしのご飯……、どこか探してみましょう」しばらくして、韓国人のご主人が、ここなら食べられそうだと案内してくれた。ご夫妻も初めて訪れるという食堂だった。しかし、夕飯時で、はす向かいの店は客で混み合っているというのに、肝心の店の前はしん、と静まり返っている。扉を開けて入ってみると、人がいた気配はあるが、そこには誰もいない。入り口近くの席には、先客が使ったであろう皿や、バナナの皮が無造作に置かれているのが見える。こちらの不安を察したかのように、オモニは私を一瞥し、大急ぎで片付け始めた。その様子を見て見ぬふりをしながら、わざわざ連れてきてもらったのに失礼な話だが、〝ここは失敗だったかな〟と思わずにはいられなかった。でも、せっかくだ。気を取り直して、食べてみよう。

壁には簡単な献立らしきものが貼られており、私にも四種類の選択肢があることだけはわかる。お目当ての『豆もやしのご飯』の他に、きのこのご飯、チナムルのご飯、そしてコンドゥレのご飯があるとのこと。「チナムル？　コンドゥレ？？」韓国語の発音を聞き取るのも精一杯なら、意味もまったくわからない。とりあえず、ちょうど四人だったので、全部頼んでみようということになり、四種類のご飯を注文することにした。

私の席からは厨房の中が見渡せるようになっており、オモニが真っ先に向かったのは小さなおかずが種類別に入った冷蔵庫だった。容器のふたを開けると、さまざまなナムルやキムチが入っている。その中から十種類ほどのおかずが運ばれてきた。主菜やご飯とは別に、野菜のあえものや漬物、のり、魚介類のおかずなどが小皿に盛られて出てくるのは、韓国では大抵どこの店も同じだが、いつもうれしい気持ちになる。早速、箸をつけてみると、どれもなかなかおいしい。これは、もしかしたら、期待できるかもしれない。身勝手な私の気持ちが高ぶり始める。


それにしても、肝心のご飯はどこから出てくるのだろう、と思いながら、横目で厨房を眺めていると、さくさく、しゅっしゅっという音が聞こえてきた。オモニの手には太い大根が握られており、それを大きな野菜削りで瞬く間に削っているのが見える。〝大根のご飯は頼んでいないが、何に使うのか？〟そう思っているうちに、ガス台にのせた大きな圧力鍋の中に、洗った米を入れるのが見えた。〝あとは、出てきた時の楽しみにしておこう〟そう思った私は、ここで厨房を覗き見するのはやめることにした。ただ、わかったのは、鍋が四つあり、それらすべてをガス台にのせたということ。つまり、どのご飯もこれから一種類ずつ炊くというわけだ。

てっきり、すでに炊き上がったご飯に具が盛られて出てくるものと思い込んでいた私は、いい意味で面食らった。そして、おかずをつまみながら待つこと十五分ほど。ついに運ばれてきたのは、大きな鉢に盛られた、艶々、熱々のご飯だった。豆もやしのご飯以外は、主な素材とともに大根が炊き込まれている。食べてみると、その意味がすぐに理解できた。きのこや野草の持つ独特の強い風味が、太く削られた甘い大根と相まって、よりその存在感を増している。

一通り料理を出し終わったオモニは、おもむろに食卓の上のステンレスの容器をぱかり、と開けた。「これをかけて、よく、よく混ぜて食べてね」とスッカラで薬念《ヤンニョム》（ねぎやにんにく、粉唐辛子、しょうゆ、ごま、ごま油などを混ぜた辛くて赤いたれ）をすくい、私のご飯にのせて混ぜようとした。「ちょっと待ってください！」実は、私はよく混ぜた料理が苦手だ。納豆もしょうゆをかけるだけで、一切混ぜない。ビビンバも、混ぜて食べるものだということは知っている。でも、ナムルはご飯と混ぜずに、それぞれの味が際立ったまま食べるのが好きなのだ。韓国の食文化に真っ向から立ち向かうようだが、長年の好みだからそう簡単には譲れない。「後で混ぜます、でも、まずは、このまま食べさせてください！」そう懇願した私に、オモニは怒るでもなく微笑み、あら、じゃあ、ご自由にという感じで厨房の奥へ戻って行った。

念願の豆もやしのご飯は、豆が踊り出しそうなほど生き生きとしていた。さらに、秀逸だったのは、干した野草の炊き込みご飯だった。〝チナムル〟はシラヤマギク、〝コンドゥレ〟は朝鮮あざみ。和名はなんとなく聞いたことがあっても、それまで食べた記憶はない。早速調べてみると、どちらも可憐な花が咲く野草であった。ご飯に炊き込まれた渋い色の葉っぱは、その花の持つイメージとは違い、野のものだけが持つしみじみとした奥深い香りに満ちていた。その繊細さを味わいたくて、結局、私は何もかけずに何口か食べてから、次に薬念をのせて混ぜずに食べ、最後の何口かは韓国式によく混ぜて食べた。どうやって食べても、おいしかった。寒さの厳しい韓国では、野菜が採れなくなる冬に向け、春のうちにやわらかな野草を摘んで干し、備えておくという。干し野草は草むらに生えていた時の姿は想像ができないほどに、からからに乾き、一見するとひどく地味なものだ。しかし、それを生かして、こんなに人の心を魅了する料理を生み出す韓国の人々の知恵に、感服した。

そして、やおら厨房から出てきたオモニがぽん、と私たちの前に置いたのは、もやしが姿のまま米に絡まり、ぱりぱりになった豆もやしのご飯のおこげだった。豆にも軸にも独特の張りのある豆もやしでなければ、こんなに見事なおこげはできない。思いがけないサプライズに歓声を上げる私たちに、上機嫌になったオモニは、今度は春雨と豆腐の炒めものを運んできてくれた。喜々として食べる私たちに気を良くして、どうやらおすそ分けをしてくれたようだった。つるつるとした韓国春雨と、かたく締まった豆腐に、あさりや豚肉の旨味が染み込み、真っ赤な唐辛子色の油が絡んでいる。それは、一瞬で私たちの胃袋に収まったが、皿には旨味たっぷりの赤い油がまだ残っている。すると、韓国人のご主人が、間髪を容れずに皿に残った汁におこげを入れ、スッカラでこれでもか、と混ぜ始めた。この上なくパリパリに焼けたおこげともやしは、いくら混ぜてもへたることがない。こうなったら、私も混ぜないとは言っていられない。真似して、混ぜる。これ以上混ぜられないくらいに、混ぜる。旨味の塊のような赤い油の中で、艶々に輝くおこげと豆もやしは、その日の夕飯を締めくくるにふさわしい圧倒的な存在感だった。その時初めて、私は、渾然一体をよしとする韓国料理のおいしさを、少し理解できたような気がした。とはいえ、韓国を深く知るには、私の旅は短すぎた。しかし、何度訪れても未知のままだったお隣の国の扉が、ほんのわずかだが開いたことには違いない。

その後も旅を重ね、市場で、家庭で、食堂で、本当にたくさんのことを教えてもらった。そして、家に戻り、旅のお土産料理を作るうち、韓国の味が少しずつ我が家の味になってゆく。自然の恵みを生かすこと、からだによいものを積極的に取り入れること……韓国の料理から見習うことは限りなく、私は彼らの知恵を記憶の引き出しから取り出し、手を動かす。

私の韓国熱は、これからも冷めることなく続いてゆくだろう。

フランス　—イル・ド・レ　*île de ré*

世界中のあちこちに「あの人の、あの料理」というものが、散らばっている。二十代から料理の旅を続けている私にとって、その土地で、その人が作ってくれた料理こそが、私自身の料理の発想の源でもあり、人生の宝物でもあると感じている。

たとえば、台湾は花蓮の兼子さんの『青菜炒め』。イタリアはトスカーナのディルヴァが作る『子牛肉のグリーントマト煮』、ピエモンテのアレッサンドラの『緑のリゾット』。そして、シチリアのアンナの『かぼちゃのラヴィオリ』。短い旅の間に、あるいは寝食をともにした暮らしの中で教えてもらった料理は、数限りない。そして、どれだけ時が流れても、忘れることのできない料理には、作ってくれたその人の背景があり、その土地の香りがある。

旅に出ると、たくさんの料理に出合う。イタリアで料理を学び始めた頃は、レシピを一枚ずつ紙に書くほかに、何を食べたのか、どんな味だったのかを毎日ノートに細かく書き留めていた。横には拙い絵を描き、旅行用の水彩絵の具のパレットを取り出して色をつけた。しかし、一日三食食べていると、料理の材料や感想を書いたり、絵に色を塗ったりするのが段々と追いつかなくなる。そこで、次は、はがきサイズのスケッチブックに、黒いペンで料理の絵だけを描くようになった。それも追いつかなくなってくると、今度はパソコンで簡単な日記をつけることにした。いつ、誰と、どこで、何を食べたのか。料理の名前と素材を書き連ねるだけだが、ディスプレイ上の文字だけでも、読み返せばその時間にタイムスリップすることができた。レシピ、感想、線画、短い日記……そんな風にして少しずつ、料理と向き合った日々の記憶を積み重ねていった。いまとなっては見返すことはほとんどないが、あの頃のとどまることのない料理への熱が、私の礎となってくれたことは確かだろう。

食べ、時に習い、自分らしい料理として昇華させるべく食材と向き合うことが、私の日常になって、長い時間が経つ。しかし、時に、自分の力ではどうしても超えられないと感じる料理がある。フランスの友・イザベルの『トマトとパプリカの詰めもの』も、そのひとつだ。

イザベルはアルザス生まれのアルザス育ちだが、おばあさまがイタリア人で、若い頃に少しだけイタリア語を習い、イタリア語を話せるようになったという。フランスで菓子作りを学び、イザベルと親しくなった友人が、「イザベルと亜衣さんが作るものは、どこか似ているから、きっと気が合うと思う」と紹介してくれたのがきっかけで、知り合うことができた。イタリア語という共通言語と、料理や物の好みも似通ったところがあり、私たちはすぐに仲良くなった。以来、日本やフランス、時には別の国で、互いの料理を手伝いながら、学び、感じ合うことのできる料理仲間となっている。彼女の料理はフランスという国の背景を持ちつつ、独特のシンプルさと美しさがある。彼女が私の料理をどんな風に捉えているかはわからないが、いつ、どこで出会っても、自然にともに台所に立つことができる貴重な友である。

そんなイザベルが、大西洋に浮かぶ島〝イル・ド・レ〟に休暇の家を持つことになった。「古い、いい家が見つかったの。いま改装しているから、きっと遊びに来てね」そう誘ってくれる彼女の言葉を、初めは社交辞令と思い、聞き流していた。しかし、しまいには「この日からこの日ならばいつでも大丈夫だから、待っているわね」と詳細な日にちまで伝えてきてくれた。そうなったら、本気にしないわけにはいかない。

そして、ついにある夏の日、私は小さな娘を連れてイザベルを訪ねることになった。パリのモンパルナス駅からTGVを乗り継いで数時間。ラ・ロシェルの駅からバスに乗り換え、大きな橋を渡ってイル・ド・レへようやくたどり着く。降りるように指定されたバス停のまわりは、一面の森。本当にここでよかったのか……と不安に思っていると、大きな車に乗ったイザベルが、いつも通りのいたずらっ子のような笑顔をして現れた。シンプルなTシャツに、切りっぱなしのショートパンツ、そして金色のビーチサンダル。日本で会う時は冬が多かったから、ジーンズにセーター、ミリタリージャケット、そしてムートンのブーツ姿が定番だった。ヴァカンス仕様のイザベルは、いかにもフランス人らしく、長くてまっすぐな脚と白い肌がまぶしい。「チャオ！　よく来たわね！」サングラスを頭の上にのせ、茶目っ気たっぷりにウインクをすると、私たちを抱きしめてくれる。「ああ、ようやく着いたんだ」イザベルの腕の中で、私と娘はずっと握りしめていた手を自然と離す。長かった旅の緊張から解き放たれた瞬間だった。森を抜け、たどり着いた集落は、昼間だというのに人影もなく、静まり返っている。近くに海があるはずなのに、潮の匂いはない。家々は、乳白色や灰色の石造りで、屋根や窓枠、扉だけが、淡い自然な色に塗られている。「ここでは、家を造る時に、使ってもいい色が決まっているの。空と海に合う色ってね」

案内されたイザベルの家は、かつては、ぶどう酒の醸造所だったという。重たい扉を押して中に入ると、緑の葉が茂るぶどう棚があり、その奥にはイザベルらしい、現代的で清潔感にあふれた空間が広がっている。なんと心地いい家なんだろう。私は一目でそこが好きになった。毎日一緒に市場へ行き、海を歩き、家に帰って料理をする。自転車で森を駆け巡る。そんな時間が、本当に愛おしい。

イル・ド・レは、その地質や気候に因るものだろう、海に面しているから魚介類はもちろんのこと、山羊の乳を使った乳製品、そして野菜や果物がとびきりおいしい。トマト、桃、サラダ菜、香草、そして親指の先ほどの小さなじゃがいも。イタリアで素晴らしい食材に親しんできた私にとっても、特筆すべき味や香りがあり、イザベルが料理をしてくれるたびにいつも驚かされる。それを改めて感じたのがトマトとパプリカの詰めものを作ってもらった時のことだった。ある夜、イザベルが友人たちを招いて夕食会をすることになった。〝一体、どんなご馳走が振る舞われるのだろう？〟昼食の後、娘を連れて森へサイクリングに出かけた私は、夕食のことが気になって仕方がなかった。しかし、夕方になっても、イザベルが料理を始める気配はない。「今夜は何を食べるの？」と尋ねる私に、「夕飯はもう作ってあるのよ」と、オーブンの中からおもむろに彼女が取り出したのは、天板いっぱいに焼かれた、何やら赤黒い塊だった。よく見ると、それは大きなトマトと細長いパプリカで、中に何か詰めものがしてある。焼きすぎではないかと思うくらいに色づいているが、もしや焦がしてしまったのだろうか？　私の心配をよそに、三々五々お客様が集まり、いよいよ夕食が始まった。乾杯をし、イザベルがみなに詰めものを取り分けてくれる。ほんのり温め直したその赤黒い塊にそっと切れ目を入れると、ナイフは必要ないほどにやわらかい。中にはトマトの汁で赤く染まった米に混じって、玉ねぎ、フェンネルやイタリアンパセリ、干しぶどう、松の実が見える。トルコやイタリアでも似たような料理に出合ったが、一口食べただけで、イザベルのそれは私の心を捉えた。まさに魔法と呼ぶべき味がした。私は、話に夢中のフランス人たちを横目に、あっという間に皿の上のものを平らげ、こっそりとお代わりをしたのだった。

聞けば、イタリア人のおばあさまから習った料理だという。決して変わった料理ではないが、だからこそ、ここまでおいしく作るには、作る人の経験や知識、そして何より、素材の底力が必要だ。イル・ド・レの素材は香りの爆弾なのだ。トマトやパプリカも、玉ねぎや香草も、それまで訪れたどんな土地のものにも負けない風味がある。イザベルの料理はどこで食べてもおいしいが、イル・ド・レで食べると、とりわけ、当たり前の素材が、当たり前ではなくなっていることに気づく。改めて、イザベルを尊敬の眼差しで見つめる私に、彼女はいつものようにウインクをし、顔中に笑い皺をいっぱい作って微笑んだ。

あの笑顔に会いに、遠く海を越えて、いますぐにでも飛んで行きたい。

モロッコ　―マラケシュ

marrakech

「モロッコに来るなら、紹介したい人がいる。彼女の家はそれはそれは素敵だから、そこで料理をさせてもらうといいよ」久しぶりに連絡をしたマラケシュに暮らす友から、うれしい言葉をもらい、旅の計画を立てた。イル・ド・レから、パリへ。心の準備を整えて、アフリカ大陸へ。十数年ぶりに訪れるモロッコ。

砂漠から吹いてくる風のせいだろうか、以前のモロッコの旅は、どこか埃っぽい印象だった。当時暮らしていたイタリアから訪れた私は、モロッコという国を包み込む、独特の空気に驚いた。すべてが見たことのない世界、感じたことのない匂いや空気……。異なる大陸に来たという実感がそこにはあった。

しかし、久しぶりのマラケシュは、空港に着くなり、凛とした清潔な空気に包まれているのに気づく。メディナ（旧市街）に向かうタクシーから見る家々も小綺麗で、〝マラケシュピンク〟と呼ばれる珊瑚色の壁を除けば、ふと、ここはヨーロッパなのだろうかと見紛うほどだ。何もかもが整然としており、流れた年月の重みを感じずにはいられない。

メディナに入ると、突如として喧騒に驚く。あちこちで、古い、風情ある商店の扉や壁を解体する作業の真っ最中だった。現国王の政策で、商店の外観を統一する工事を進めているという。歴史を重ねたファサードこそが、この街の美しさだというのに……。残念だが、それは一旅行者の勝手な感情なのかもしれない。

友が紹介してくれたヴァレリーはベルギー人で、メディナで小さなリヤド（宿）やインテリアの店を開いている。宿は、白とグレーが基調の落ち着いた内装で、パティオ（中庭）にはオレンジの木が植えられており、通りの薄暗さとは打って変わって、いつも明るい光が差し込んでいた。朝は屋上で、昼や夜はパティオにしつらえられた食卓で食べる。専属料理人のサイーダは、ヴァレリーから絶大な信頼を寄せられていると聞いていたが、確かに、彼女の作る料理には独特の優しさがあり、何度食べても飽きることはなかった。

そして、数日をリヤドで過ごした後、ヴァレリーの家に招待を受けた。そこで、私が料理をすることになったのだ。メディナのスーク（市場）で、抱えきれないほどの野菜や果物を買い込む。トマトに玉ねぎ、グリーンピースにオクラ、二色のいちじくにレモンの塩漬け。スパイススークでは、干しぶどうやアーモンドなども忘れずに買う。何を作るのかは、買い物をしている時には決まっていないのが常だが、歩きながら、あるいは車に揺られながら考える。そして、ひとつ思いついたのが、イザベルの詰めもの料理へのオマージュだった。モロッコの野菜や香草ならば、あの味が作れるかもしれない。

ヴァレリーが暮らす家は、マラケシュ市内から車で三十分ほど行ったところにある。迷路のようなメディナを抜け、街の喧騒を越えて行った先は、日差しのよく差し込む森の中にあった。南イタリアの邸宅を思わせる、乳白色の壁が印象的な美しい家。庭に茂るオリーブにイタリアを想い、懐かしくなる。しばらくプールでのどかなひとときを過ごした後、大きな大きな木の下で、大きな円卓を囲み、昼食をとる。用意してくれたのは、タジンで煮込んだいわしのケフタだった。トマトと唐辛子がきいためりはりのある味は、盛夏の昼食にぴったりだ。いわしの団子のつなぎがご飯だったせいか、久しぶりに日本の料理を思い出し、少し恋しい気持ちになる。

いっぱいになったお腹をなだめるべく午睡をとり、午後は畑に出て、夕食に使う野菜を摘ませてもらう。小さなトマトやフェンネル、イタリアンパセリなどのハーブ。畑を歩いて気になるものを摘み、手の中で踊り出しそうな素材を見つめながら、料理を考えてゆく。イザベルのトマトの詰めもの。手打ちパスタが食べたいというみなのリクエストに答え、南イタリアの伝統的なパスタ〝カヴァテッディ〟はグリーンピースのソースで食べよう。そして、モロッコで自分でも使ってみたかったタジンで、小さなオクラを煮る。最後は、『いちじくの氷菓』。緑のいちじくと紫のいちじく。それぞれの風味をどんな風に生かそうか？　モロッコとフランスとイタリアが混じり合う料理。私が歩んできたさまざまな国の記憶を詰め込んだ料理は、この場所だからこそ生まれ得るものだろう。

ヴァレリーの台所の隅には、大きな食器棚があり、モロッコ独特の鮮やかな釉薬がかかった、焼き物の器が数えきれないほど重ねられている。なんとも言えない色の濃淡に、見ているだけでうっとりとした気持ちになる。料理が出来上がるたび、そこからひとつ器を選び、盛りつける。ああ、なんと贅沢な瞬間だろう。モロッコの器と食材が織り成す色のグラデーションは、油絵の具で何度も筆を重ねた絵のようだった。そして、そのいつになく濃い色彩に、料理をしている私自身がいちばん驚かされていた。

みなが待ちに待った夕食の時間。気がつけばすっかり夜の帳が下り、庭の円卓のまわりは無数のランタンに照らされている。細かい料理の輪郭は見えないほどに暗くなっていたが、タジンのふたを開けた時に立ち上る蒸気の向こうには、みなの笑顔が見える。食べ始めて一瞬静まり返った後、歓声が上がり、ようやく私は安堵する。この国でも料理が贈ってくれた幸福に浮かれ、どんどんと暗くなってゆく空を見ながら、私はただそこに呆然と立ち尽くしていた。

中国　―雲南　*yunnan*

〝永遠の春の都〟という意味をもつ街の名前に惹かれ、私が中国雲南省の省都・昆明《クンミン》へと初めて旅立ってから、長い時が流れた。

当時、冬の北京と天津しか訪れたことのなかった私にとって、想像の中の春の都には花々が咲き乱れ、頬を撫でる風はどこまでも暖かかった。しかし、実際のところ、昆明の街の中心には高層ビルが建ち並び、合間を冷たい風が吹き抜けてゆく。広場は人でごった返し、花らしき花が咲いている様子はない。それでも、食堂や広場の屋台では、民族衣装を着た白族の女たちが乳扇《ルーシャン》（チーズの一種）を炭火で炙ってくれたり、回族の帽子をかぶった男たちが刀削麺を目の前で拵えてくれたりと、そこには私が初めて出会う人々の面立ちや、味が、ひしめき合っていた。

昆明のバスターミナルを発ち、決して快適とは言えないバスに揺られて、棚田で名高い元陽《ユエンヤン》へ向かう。そこで、私はさらなる味の世界と、それを取り巻く人々の暮らしを垣間見ることになる。

太陽よりも早起きをして出かけた棚田は、早朝の荘厳な光で照らされ、高台の上から眺めていると、思わず足がすくんでしまう。見物客のまわりには民族衣装に身を包んだ物売りが群がり、街へ帰る道すがらには、同じく民族衣装で野良仕事に励む人々や、豚を売り買いする人々がいる。みな、逞しかった。

　昼時、目抜き通りと言っても、まわりにはのどかな風景が広がる、村の中心を歩いてみる。あちらこちらに屋台があり、昼食を求める客で賑わっていた。その中で、小さな椅子に腰掛け、一様に何やら小さな四角いものを炙っている人々がいるのに気づく。足を止め、目を凝らすと、それは豆腐だった。ひと口大の豆腐を炭火で炙っては、お喋りをしながら唐辛子のたれにつけて食べている。じっと見つめていたら手招きをされ、仲間に入れてもらうことになった。言葉も、食べる作法もわからないのに、食卓をともに囲むだけで突如として土地の人間になったような気になるのだから、愉快なものだ。

　夕刻、豆腐ではほとんど膨れなかった腹をなだめるため、食堂を探すべく同じ通りを歩く。しかし、まだ六時前だというのに、先ほどまで人であふれていた屋台も、食堂もほとんど店じまいをし、人々の気配はない。空っぽのお腹を抱え、開いている店はないかと焦りながら通りを突き進む。そして、もうここからは店も何もないという辺りに来て、ようやく見つけた一軒の食堂。入ると、土間に座り込んで青菜のやわらかいところを摘む女たちの姿が見える。明日の仕込みだろうか。客は、奥の客間に一組だけだった。なんとも寂しいが、ここで帰るわけにはいかない。私は空腹だった。さあ、何を食べようか。

　しかし、中国語を解さない私は献立を選ぶ術を知らない。そこで、厨房の脇の棚に陳列された食材の中から、気になるものを指差してみる。料理人はさっそく黒々と使い込まれた鍋を手に取り、壁に向かって大きな炎を上げ、何かを炒め始めた。ずっとその様子を眺めていたかったが、奥の席へと案内される。そして、あっという間に運ばれてきたのは、茴香《ういきょう》の炒めもの、ゆでた丸鶏を丸揚げにして作った油淋鶏、そして、圧巻は『豆腐と薄荷のスープ』だった。ゆでた鶏のだしでさっと煮た豆腐とごっそりと入った薄荷の枝。こんなにも爽やかなスープにそれまで出合ったことがあっただろうか。静けさに満ちた食堂の片隅で、私は、不思議な熱に浮かされ始めていた。

雲南熱。私は知らず知らず雲南の虜になっていた。その後、また春に雲南へと舞い戻った私は、さまざまな土地へ出かけた。茶馬古道の古鎮《クーチェン》へ向かう車窓には、一面まぶしいくらいに真っ黄色の菜の花畑が広がっている。すももや杏の木には薄桃色の花が咲き乱れ、まさに、むせるような春の息吹だった。娘と白馬にまたがり、川べりの花畑を眺めたあの穏やかな時間を、忘れることはないだろう。

雲南省、西双版納《シーサンパンナ》で出合った春の味

そして、ついに、ある年の春、長らく訪れてみたいと切望していた、雲南省最南端の西双版納へと降り立った。傣族《タイ》の人々が暮らす自治州で、南はミャンマーやラオスとの国境に位置する。首府・景洪《ジンホン》の空港は、熱帯の生ぬるい空気に包まれており、ずいぶんと南へ来たのだということがわかる。タクシーに乗り、外を眺めると、それまで見てきた雲南の街とは植生が違う。ブーゲンビリアにバナナ、ゴムの木。そして、山をひとつ越えれば何百年も生きながらえてきた茶の樹が、いまもしっかりと根を伸ばし葉を豊かに茂らせている。そう、ここはプーアル茶の生まれる場所なのだ。

傣族の食堂では、料理の味つけの基本は魚醤となる。さらに、〝檸檬〟と呼ばれる、淡い苦味と酸味のある緑色の柑橘や、赤や緑の生唐辛子、そして、ほんのり納豆の香りのする水豆鼓、香菜や薄荷などの香草が味のアクセントになる。また、春の雲南では、ありとあらゆる山菜や野の花を食べる習慣がある。炒めものにするほか、生で、あるいは唐辛子と魚醤のきいたたれで食べたり、さっとゆでてあえものにしたりと、その食べ方はかなり野性的だ。棘も、苦味も、青すぎるほどの香りも、すべてひっくるめて、ここでは本当の意味で春の味なのだろう。

ところで、元陽でもすでに体験したように、雲南の食堂には献立がないことが多い。現地の人々は口頭で頭に思い描いた料理を注文しているようだが、献立表がないので、私たちのような旅行者は、身振り手振りで伝えるしかない。そんな時は、ガラスの冷蔵庫や、簡素な棚に彩りよく収められた、下拵えの済んだ野菜や肉、魚や山菜の中から好きなものを選んで指を差す。すると、給仕人はバランスの取れた味つけや調理法で、素材を組み合わせて料理を考え、伝票に料理名を書いて厨房に渡す。これなら言葉がわからなくても、好きなものを、おいしく食べることができる。おかげで、市場では眺めているだけだった珍しい山菜や花も料理してもらえるし、あの、豆腐と薄荷のスープにもまた出合うことができた。こんな食堂が家の近くにあったら、どんなにいいだろう。

傣族の人々が商いをする朝市や夜市を訪れれば、さまざまな色や香りの食材が並び、屋台ではのんびりと炭火焼をする人々であふれている。西双版納の市場では、バナナの葉が活躍する。ここでは、バナナの葉が彼らの暮らしを支えているのだ。時にそれは、食材を陳列する台を覆うテーブルクロスとなり、時に山菜や小さないちごをくるむ袋の代わりになる。炭火焼の屋台では、肉や魚をバナナの葉で包んで焼き、手渡してくれる。刻んだ唐辛子やレモングラスをまぶしてから蒸し焼きにすると、香ばしく焼けた葉の中から、複雑な香りが匂い立ち、食欲を刺激する。朝の光の中でも、夜の提灯と星明かりの下でも、バナナの葉の緑色は鮮やかに輝いて見えた。彼らにとっては、ふんだんにある自然の恵みを生かすのは当たり前のことなのだろう。使い捨てのプラスチック製品であふれた国を想い、なんだか切ない気持ちになる。人の暮らしは、進めばいいというわけではないのだ。ふと、立ち止まって、かつてはどこにでもあったはずの営みを思い起こしてみると、本当に必要なものと、そうでないものとがわかってくるのかもしれない。鮮やかな緑色のバナナの葉が、食べ物やそこに群がる人々の顔を明るく照らすのを眺めながら、私は呆然と考えるのだった。

その後、何度訪れても、私の雲南熱は一向に治まる気配はない。自分自身でも気がつかないほどに、それは仄かな微熱となって、頭や、心や、舌を、苛み続けるのだろう。その熱に浮かされている間は、雲南への旅は、これからもずっと続いてゆくに違いない。

料理

台湾　*taiwan*
韓国　*korea*
モロッコ　*morocco*
中国　*china*
インド　*india*
イタリア　*italy*

台湾

taiwan

木の実意麺《イーミェン》

—
p.143

茶わんたん

—
p.144

鶏肉の白鍋

――
p.146

「白い料理」を初めて意識して作ったのは、いつのことだったのか。記憶の引き出しを探ってみても、もう見つけることはできないほどに、私は今日までたくさんの「白い料理」を作ってきた。

白い野菜、白い魚、米、小麦粉、豆腐、牛乳、バター、塩、砂糖……。少し考えただけでも、白い食材で頭の中は一杯になる。そして、ある時、ふと気がついた「同じ色の食材は不思議と合う」という法則。それは間違ったものではなかったと、一期一会の食材によって生まれる奇跡のような料理が、改めて私に教えてくれるのだ。

迪化街《ディーホアジェ》を歩いていると必ず目に留まる白木耳《しろきくらげ》、初めて出合った珊瑚草。東門市場で見つけたとびきりの酸菜（白菜の漬物）。台北に着いた夜、山の食堂で食べた鶏肉と長芋の薬膳鍋を思い出して作った白鍋。白い余韻はどこまでも優しい。

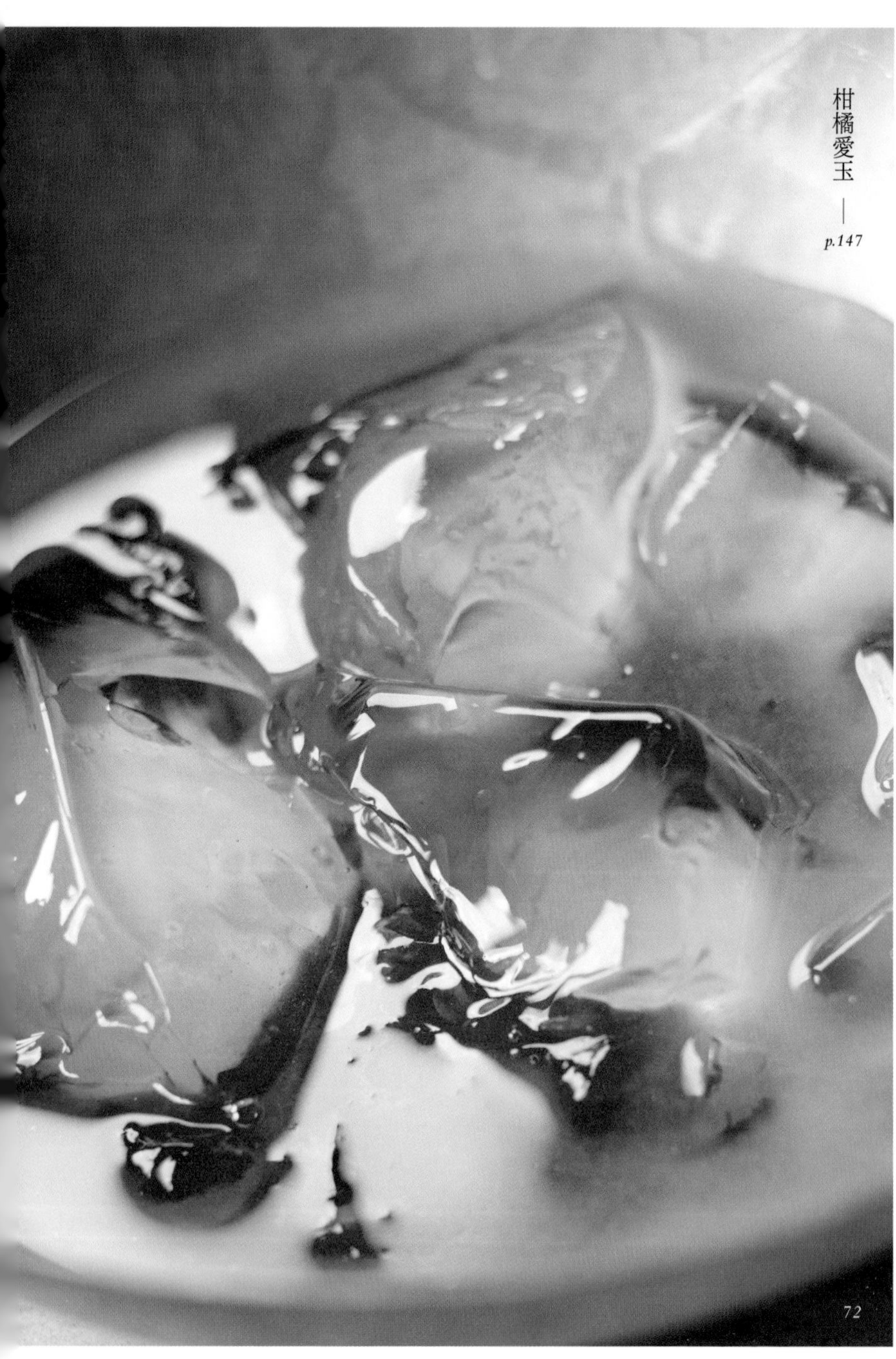

柑橘愛玉

p.147

幼い頃、夢中になったもの。それはゼリーだった。型やグラスの中では確かに形があるのに、スプーンですくって口に運ぶと儚く溶けてゆく危うさに惹かれていたのだろうか。だから、昆明の街角で『水のゼリー』に出合った時は、懐かしい恋人と久しぶりにすれ違ったような、そんな気がした。薄甘い蜜に浮かんだ透明のゼリー。紛れもなく水を固めただけのものだったのに、それまで食べたどんなゼリーよりも痺れた。

それから何年かして、台南で孔子廟を訪れたある夏の日、近くの道端の屋台で『檸檬愛玉《リーモンアイユイ》』と巡り合った。ぷるぷるとした透明の塊が爽やかな蜜の中で心地よさそうに泳いでいる。灼熱の台南で幼い娘の火照った体を抱きながら、私は貪るように冷たい愛玉を流し込んだ。

見えるような、見えないような、透明な存在感に、大人になったいまも私は強く惹かれている。

韓国

korea

大根の水キムチ

―― p.152

干し大根のナムル

p.153

栄養飯

p.154

ホットク

p.155

干し野菜ご飯

— p.156

冬に韓国を訪れた時に、市場を歩いていていちばん目を惹かれたのが、干し野菜だった。圧巻だったのは白菜の外葉と大根葉の束。日本ではあまり見向きもされないものが、堂々と売られている。他にも、ぜんまい、韓国かぼちゃ、なす、見たこともない山菜、等々。考えてみれば、韓国料理に欠かせない唐辛子も、干し野菜の一種だ。

そして、寒い韓国に来てふと思い出したのが、トルコの干し野菜だった。大きな唐辛子、薄切りのなす、鉛筆の先ほどの小さなオクラ。それらが紐に数珠つなぎになった姿は首飾りのようで、夏の日差しに照らされながら、市場の軒を彩っていた。滞在先で作ってもらった干しオクラと鶏肉のスープからは、生のオクラでは出し得ない驚くような香りがした。

トルコの旅から十年以上が過ぎ、冬の韓国でぐつぐつと煮え立つチゲの中に、干した白菜の外葉を見出した時の我が心のどよめきよ。干し野菜を通して見る世界。それはどこか温かで、どこか滋味深い。

いちごと五味子茶

— p.157

五つの味がするという五味子《ごみし》。「苦・酸・甘・塩・辛」のいずれかの味が、味わう人の体調によって強く感じられると言われている。しかし、五味子でなくとも同じ物を食べた人がみな同じ味を感じ取るのかというと、そうとは限らない。

赤ん坊は、母の食べた物がその体内を通って血となり、乳となった液体を吸って育つ。かつて、一心不乱に乳を飲む我が子の顔を眺めながら、少しだけ自分の乳房から迸《ほとばし》る白い液を舐めてみたことがあるが、微かに血の香りと淡い味がするだけだった。勝手にほの甘い味を想像していた私は、ごく僅かに味がついた水のような液体を必死で貪る、子どもの味覚の繊細さに面食らった。娘は私に手を引かれて世界を旅し、数え切れない味をその小さな舌で感じてきた。

味の財産は尊い。それに彼女が気づくのはまだ先のことだろうが、もうあとしばらくは傍らにいて、世界の味を贈り続けることができるとしたら、それ以上の幸せはない。

えごまのスジエビ —— p.158

数年前、ソウルに暮らす友人から謎の粉が入った小包が突然届いた。手紙もなく、ハングルの包装袋からも正体はわからないまま、時は流れた。そして、ある日、その存在を思い出し、袋を開けてみることにした。開封と同時に、後悔とうれしさの両方が込み上げてきた。それまで放置していた後悔と、正体がわかったうれしさと。ああ、爽やか、なんと爽やかなのだろう。それは、えごまの粉だったのだ。が、使い方がわからない。とりあえず、熱々のおにぎりを握って塩とともにたっぷりとまぶしてみた。塩おにぎりに引けを取らぬ、最高のおにぎりだった。

それからまた時が流れ、久しぶりに訪れた韓国で出合った運命の料理、それが『えごまのスジェビ』である。なめらかな生地に絡む、薄緑色のスープのなんと奥深く爽やかなことよ。えごま、えごま、えごま。この小さな種子に、一体どれだけの香りとこくと可能性が秘められているのだろう。

豆腐の煮もの ——
p.159

私には韓国で〝お父さん、お母さん〟と呼ぶ人たちがいる。歳は私とそこまで変わらない。出会ってまだ間もないのだが、ついそう呼びたくなってしまう温かさが二人にはある。お父さんは韓国の人。お母さんは日本の人。二人はもうずっと韓国に暮らしている。

私はいつも彼らの家に料理をしに行く。でも、楽しみにしているのが、〝お母さん〟が作ってくれる朝ごはんだ。ご飯とチゲ、水キムチやナムル、キムチ、のりなどのさり気ないおかずが並ぶ。豆腐を薬味じょうゆで煮る『トゥブジョリム』も朝の一品だった。

敬虔なプロテスタントである彼らは、毎週日曜日には朝早く起きて礼拝に出かけ、食事の前には必ず手を合わせて神に祈りを捧げる。キリスト教と、ごま油やにんにくの匂いが入り混じる食卓はなんだか不思議な光景だが、私は彼らの家で過ごす時間がたまらなく好きである。

いまは近くて遠い国になってしまった。また、彼らに会える日はいつ訪れるのだろうか。

モロッコ
morocco

ひよこ豆とクミンのスープ
— p.161

ホブス

p.162

モロッコ風サラダ ―― *p.163*

オレンジにシナモン ──
p.163

ミントティー ──
p.164

トマトの詰めもの ―
p.164

詰めもの料理には不思議な魅力がある。宝箱を開けるような気持ちでナイフを入れ、口に運ぶと、見た目からは想像し得なかった味や香りが迸る。

トルコの中央アナトリアの小さな村で過ごした夏、滞在先のお母さんが作ってくれた赤いピーマンのドルマ。鍋一杯に煮込まれた大きなピーマンの中から飛び出す瑞々しい汁が、ミントの濃い香りとともに体に沁み渡ってゆく。乾いたトルコの夏に、恵みの雨のような一皿だった。

イタリアやギリシャでもさまざまな詰めもの料理に出合ったが、フランスの友、イザベルがイル・ド・レの家で作ってくれる『トマトとパプリカの詰めもの』は、私にとってその最高峰だ。詰めものの外側の野菜と中の具材が見事に一体となり、もはやそれは詰めものの域を超えて、ひとつの新たな存在となっていた。初めて食べた時は、その濃厚な香りに打ちのめされ、久しぶりに料理を食べて心が震えたものだった。そして、ああ、私もこんな風に人の心を捉える料理を作りたいと、尊敬と羨望の入り混じった気持ちになった。

イル・ド・レの旅の後に立ち寄ったモロッコで料理をすることになり、真っ先に作りたいと思ったのが、あの詰めものだった。マラケシュの青空市場で目に飛び込んできたトマトや玉ねぎ。そして、ミントティー用に山のように積まれたミントの枝だけを売るリヤカー。森の中の大きな家の台所で、ひとり素材と向き合う。夜、大きな樹の下にしつらえた食卓で、蝋燭の光に照らされた『トマトの詰めもの』は、その夏の旅の思い出がぎっしりと詰まった宝箱のように、胸の奥で生き続けている。

いちじくの氷菓

p.165

緑色のいちじくを初めて食べたのは、二十代の夏のシチリアでのことだった。エトナ山の麓に広がる海辺の家の庭で、鮮やかな緑色のいちじくが鈴なりだった。ひとつもぎり、頬張った途端、鮮烈な甘さが口一杯に広がり、私は夏の太陽の下で蕩けた。

幼い頃、我が家ではいちじくを食べる習慣がなかった。どうしても食べてみたくて、母にねだって買ってもらったいちじくは、薄甘く、子どもにはわかりにくい味だった。おまけに半分に割った実の隙間からは、小さな虫がにょろにょろと顔を出し、以来、いちじくへの情熱を持たぬまま、私は大人になった。しかし、だ。シチリアの緑のいちじくは、私のいちじく観を一瞬で覆した。見た目の青々しさとは裏腹に、中は愛らしいピンク色で、割ったそばから白いミルクが迸る。そして蜜のような甘さと鼻に抜ける独特の香り。それからというもの、ヨーロッパの甘いいちじくも、日本の瑞々しい、仄かな甘さのいちじくも好きになった。

夏のモロッコを訪れた時、青空市場でいちじくだけを売る老爺に出会った。完熟の実を選ぶ私を、男はねっとりとした瞳で一瞥する。モロッコの乾いた大地で育った実は、脳天に突き刺さるような甘さだった。庭の大きな樹の下で、蝋燭の光だけで夕食の最後にふさわしい。甘い、甘い、いちじくは冷たさと相まって心地よく、暗闇の中で私たちの喉をすり抜けて行った。

ムセンメン

p.166

モロッコで小さな村のとある家族を訪ねた時のこと。昼食にクスクスをご馳走になった。丸鶏とうずらを香味野菜とスパイスで炒め煮にして、にんじん、大きな瓜、ひよこ豆を加えて煮込む。赤土のクスクス皿に蒸しては混ぜ、蒸しては混ぜたクスクスを盛り、煮込んでおいた汁をかけ、具をこんもりとのせてゆく。スパイスで染まった橙色の汁に、野菜の鮮やかな色が映える温かな色味は、モロッコという国そのもののようだった。

両手で抱えるほどの大きな皿に盛られたクスクスは、客人である私たちだけが囲む。徹底したおもてなしの心は、インドやスリランカで招かれた時にも感じたものだ。膨れ上がったお腹と火照った体をなだめるように、食後の昼寝までさせてもらう。目覚めると、朝からずっと台所に立ち続けていたお母さんが、また何やら手を動かしている。家族の夕飯かと思えば、それは私たちのおやつにと用意された『ムセンメン』の生地だった。空になったクスクスの皿が、生地をこねる鉢になる。のばした生地に油を塗り、たたみ、透けるほどの薄さにのばす。長年の油が染み込んだ、黒々としたフライパンにのせて焼けるのを待ち、焼きたてに自家製のはちみつとバターを塗り、頬張る。ああ！　深い溜息だけが漏れる。

丸一日を私たちのために捧げ、料理をしてくれたお母さん、私たちが寛げるように、食卓で朗らかにもてなしてくれたお父さん。招くということを、深く考えさせられた旅の一日だった。

オクラのタジン ――

p.167

女性の乳房のように膨らんだふたに、やや深みのある、でも限りなく皿に近いような鍋。タジンはモロッコを象徴する料理道具だが、そのなんとも言えないユーモラスな風情に心惹かれる。〝タジン〟という言葉は鍋そのものでもあり、その中で煮込まれた料理をも指す。

十数年前、初めてモロッコを訪れた時に泊まった宿の夕飯で『タジン』が出た。身のしまった鶏肉と塩漬けのレモンが芯までやわらかく煮込まれていて、平たいモロッコのパン、ホブスとともに無心で食べた。

その時の興奮が忘れられず、久しぶりにモロッコを訪れることになって、必ずやこの目でじっくりと見てみたいと思ったのがタジンだった。バブーシュ工房の主人、宿の女料理人、郊外の屋敷の専属料理人、そして、ベルベル人の市場のタジン食堂。私はさまざまな場所でタジンと向き合い、その中で煮込まれた野菜や、肉や、魚を味わった。ちぎったホブスで、やわらかな具をはさみ、口に運ぶ。酒も飲まず、ある時は工房の作業台で、ある時は穴蔵のような食堂の地べたに座り、我を忘れて食べた。

そして、旅の最後に道具街のタジンの山から見つけたひとつのタジン。鍋底は籠に、ふたはリュックに入れて大切に家まで持ち帰った。あれから、野菜だけのタジンをよく作る。だが、モロッコの人々が作ってくれたような味にはなかなかならない。タジンを巡る旅は、まだ始まったばかりだ。

中国
china

山菜と香草の焼きトマトだれ — p.168
プーアル茶卵 — p.169
じゃがいも炒め — p.170
青い豆炒め — p.170
薄荷と豆腐のスープ — p.171

蒸し焼き豚

— p.172

檸檬きゅうり

—

p.173

傣族風蒸し魚

p.174

すいかジュースに
ココナッツゼリー

— p.175

莜面顿顿《ヨウミェンドゥンドゥン》

p.176

山西が麺発祥の地と知って以来、居ても立ってもいられず、ある春の日、旅に出た。イタリアに始まった私の手打ち麺紀行は、中国では北京や西安まで及び、トルコや韓国でも素晴らしい麺に出合った。そして、どんどんと興味は広がり、その生まれ故郷へと想いを馳せる。

山西の麺といえば刀削麺が名高いが、その他、燕麦粉《えんばくこ》で作った蜂の巣さながらの麺、猫の耳や泳ぐ魚を象った麺など、驚くほどさまざまな形の麺がある。その食べ方も多種多様だ。

もっと見てみたい、食べてみたい。そんな思いを抱き、朝市を歩く。しかし、麺を打ち、その場で食べさせてくれる店にはなかなか出合わなかった。そんな中、店先でさまざまな麺を売る小さな工房をようやく見つけた。ちょうど大きく生地をのばしている真っ最中で、上には細く刻んだ色とりどりの野菜を散らしている。手前からぐるぐると巻いてゆく様子は、太巻き寿司のよう。長い筒を切れば、断面には鮮やかな野菜の色が映え、これも麺なのかと目を見張るほどだった。その場で食べることは叶わなかったが、山西の旅随一の土産料理として、いまや我が家の食卓にもよく上るようになった。

アスパラガスと
茴香のスープ
— p.177

雲南の旅では忘れられないスープにいくつも出合った。豆腐と薄荷のスープ。睡蓮の葉のスープ。香草や水辺の植物がスープの具になるとは驚きだった。スープが自然界とつながっている。なんと美しく、清らかなのだろう。

以前、東京のバーでアルバイトをしていたことがある。アルバイトといっても、目当てはマスターの作ってくれる賄いだった。マスターは、私の知る人の中で三本指に入るほどの料理上手だ。ウイスキーソースのハンバーグ、極上のラムをたっぷりと加えたホイップクリームを添えるチーズケーキなど、酒を心底愛するからこそのアイディアも素晴らしかったが、ちょっとしたサラダやスープなどにも、その卓越したセンスは光っていた。中でも忘れられないのが『白アスパラガスのスープ』だ。アスパラガスをむいた皮と一緒に塩でゆで、皮を取り除き、ゆりねを入れてさっと煮たら火を止める。だし的なものが何も入らなくても、アスパラガスから出る香りと旨味で立派なスープになった。

その記憶と雲南の『豆腐と薄荷のスープ』が混じり合い、いつしか私の中で培養されたのが、アスパラガスと香草で作るスープだ。アスパラガスが出回る頃、庭に植えた茴香や薄荷が元気に葉を伸ばす。アスパラガスと香草と塩と水。たったそれだけで、こんなにも豊かな香りが生まれる。

味わうことこそ、料理を学ぶこと。それは、料理を始めてからいままで、ずっと変わらないことのひとつである。

菜花豆腐

p.178

香椿《チャンチン》と呼ばれる山菜の存在を知ったのは、中国の古都・西安だった。兵馬俑《へいばよう》近くの食堂で、名物の手打ち麺を待ちながらつまんだ料理の中に、『香椿豆腐』というものがあった。私の娘の名は〝椿〟という。そのせいだろうか、椿という文字を見ただけで親近感を覚えてしまう。香椿とは果たして、どんな香りがするのだろう?

運ばれてきたのは、賽の目に切ってゆでた豆腐の上に、青々とゆがいた香椿を盛ったものだった。上には黄金色の菜種油がたらり、塩がぱらりとふられている。どこかたらの芽やこしあぶらを思わせるような香椿は、〝雲破り〟とも呼ばれる大木の新芽で、その名の通り、雲を突き破るほどにぐんぐんと成長するそうだ。そんなに高い木の芽を摘んで食べようというのは、いかにも中国人らしい。中国では香椿は豆腐か卵と組み合わせて料理をすると決まっているようで、卵と焼き込んだものや、くずした豆腐と炒め合わせてたものにも出合った。豆腐や卵のような優しい味わいに確かに山菜はよく合う。

春、野に顔を出す山菜や、川辺に咲き乱れる菜花。それらを眺めるたびに、私は霧に包まれた春の西安を想うだろう。

涼粉《リャンフェン》

p.179

中国を旅するようになって、『涼粉《リャンフェン》』と呼ばれるぷるぷるとした麺のような料理が各地にあることを知った。なんらかのでんぷんを水と混ぜ、平たく蒸したものを幅広の麺状に切って作る。

最初に出合ったのは、雲南の省都・昆明の路地裏だった。白《ペー》族の女性が、涼粉だけを売る屋台。ゆでおきの麺状のものは、ほんのり黄色っぽい色をしている。しょうゆと油を混ぜたようなたれと、唐辛子、香菜をかけ、ぐるぐると混ぜて人々が食べるのを真似してみたが、こしもなく、つかみどころのない食感だった。

次なる涼粉との出合いは、麺の故郷・山西だった。大抵の店では冷菜のひとつに涼粉が揭げられていたことから、定番料理なのだろう。ぷるぷると透き通った様は、葛切りを思わせる清涼感があるが、上には赤く艶々とした辣油がなみなみとかけられ、揚げた干し空豆がどっさりと盛られて、涼しさとは程遠いように思えた。しかし、中国式の太い箸でなんとかつかんで食べてみると、黒酢の爽やかさと、下に隠れていたたっぷりの生野菜が、なんとも瑞々しい。これほどに、一皿の中の素材のギャップを楽しんだことがあっただろうか。

あれから、私は幾度となく涼粉を作っている。水と油は相容れないようで、こんなにも親しくなれるのだ。

インド *india*

ライタ — p.181
緑のチャツネ — p.182
スパイスライス — p.182
青菜のカフリ — p.183
焼きなすのバルタ — p.184
かぼちゃのサブジ — p.185

p.186

白菜のサブジ ——
p.187

初めてのインドへの旅。北インドの小さな村の食卓で、来る日も来る日も食べ、来る日も来る日もまた食べたいと思ったのは『サブジ』だった。野菜の炒め煮、あるいは蒸し煮。オクラ、へちま、かぼちゃになす、さといもにじゃがいも、マッシュルームにいんげん……庭の畑で採れた野菜や、夕暮れの市場で見かけた野菜は何でもサブジになった。トマトが入っていたりいなかったり、スパイスが少しずつ違っていたりしたが、そこにサブジのおもしろさがあった。

日々サブジを食べながら、私はそれまで訪れた国々の、野菜の蒸し煮や炒め煮の数々に思いを馳せた。イタリアの菜花のオイル煮、中国や台湾の青菜炒め、モロッコのタジン、韓国の大根のナムル、トルコのオクラ煮……鍋の中でくたくたになった野菜は、その色や食感も生の時とは別物だが、どれもずっと食べ続けていたいと思う優しさと甘やかさに満ちあふれていた。

野菜はそれ自体が持つ水分と、加える油と熱で、見事に昇華する。おひたしやあえものだけではない、野菜料理の深淵を知ることができただけでも、世界を歩き続けた甲斐があったというものだ。

インド風炒り卵

p.188

私には朝食に卵を食べる習慣がないが、目玉焼きやゆで卵、炒り卵などの簡単な卵料理をよく夕食に食べる。しかし、旅先では朝から卵も悪くない。インドではよく朝に卵を食べた。デリーのホテルで食べたポーチドエッグ。これは火の通りも表面のなめらかさも完璧で、本当によくできたポーチドエッグだった。帰国してしばらくは、娘がポーチドエッグを朝食に作ってくれとせがんだのも無理はない。小さな村の食卓で毎朝料理人が拵えてくれた朝食にも、必ずといっていいほど卵料理が出た。大抵は目玉焼きかオムレツだったが、どちらもしっかりと火が通してあり、日々、半熟への郷愁が募ってゆく。しかし、ある朝、作ってもらった『インド風炒り卵』には一瞬で心を鷲づかみにされた。一見、炒飯のようだが、食べると野菜の甘味とごく淡いスパイスの香りが口の中で弾ける。「ただひたすらへらで混ぜ続けるんだ」、そう教えてくれた料理人のマニッシュは、今日も朝昼晩と料理をし続けているにちがいない。

カシューバルフィー

p.189

北インドの村に暮らす友の家の食卓では、朝昼晩、必ず小皿に『ジャガリー』と呼ばれる黒砂糖が出てきた。「焼きたてのチャパティにギーとジャガリーを少しずつのせて、ぐしゃぐしゃっとも んで食べるのがインドの人は好きなのよ」と友は言う。本場のギーは独特の香りがあり、インド初心者の私は慣れなかったが、熱々のチャパティに黒砂糖というのは確かにいい組み合わせだった。

滞在先の村を発つ前日、あるお宅の昼食に招かれた。その時、食後にチャイやラッシーとともに手作りのお菓子をいろいろといただいた。材料は干した果実や木の実、豆の粉、ギー、スパイスなどで、いずれも料理の素材と重なるのがインド菓子らしさともいえるのだろうか。どれも歯が溶けそうに甘いが、それらを甘いラッシーや甘いチャイと楽しむ。とことん甘いものを食べ、飲む。

料理もお菓子も私たちが食べる時は決して家族は同席せず、ひたすらおもてなしに徹するインドの人々の温かな笑顔は、忘れがたい味の記憶とともに、深く心に刻まれている。

ダール
p.190

インドの美しい家で過ごした夢のような一週間。毎日、朝、昼、晩と料理をしてくれたのは、専属料理人のマニッシュだった。もともと寺院の料理人だったという彼は、料理を作る時も出す時も穏やかに佇んでいる。チャパティが焼き上がるたびに、「チャパティ?」と優しい声で囁きながら、熱々を皿に盛りつけてくれた姿が脳裏から離れない。

『ダール』、つまり豆のカレーは一日のどこかのタイミングで食卓に上った。日によって豆の種類は替わり、味わいも変わる。マニッシュのダールはとろりとしていることが多かったが、家によってはさらりとした液体の下にダールが沈んでいることもあった。

日本でも作ってみたいと思い、豆を買いに出かける。スパイスや豆を売る店に入ると、緑豆やひよこ豆などとともに、見たこともない豆が入った巨大な袋が並んでいた。イタリアや日本でもよく豆を食べるが、ここまでたくさんの種類を食べるとは、圧巻だった。すべての豆を試してみたかったが、よく知っているもの、見知らぬものとを少しずつ買ってみた。

大切に持ち帰り、ダールをはじめ、インドで習った料理を何度も作った。どの料理も似たようなスパイス、似たような香味野菜を使うのに、それぞれのおいしさがあるのは不思議だ。インドで招いてもらった時のように、誰かを招いてインド料理を作る時は、いつも食卓に並べきれないほどたくさんの種類を作る。毎回、私はどれがいちばん好きかな、と考えるのだが、決まってやっぱりこれ、と思うのがダールだ。ダールはインド人にとってみそ汁のようなもの、と聞くが、もはや、私にとってもインドのみそ汁なのである。

イタリア

italy

カリフラワーのアッフォガート

— p.191

焼き赤玉ねぎ

p.192

トマトソースのマッケローニ

— p.192

ゆで魚

— p.194

アーモンドのグラニータ

p.195

ジャムのクロスタータ ——
p.196

イタリアで、朝食に、おやつに、あるいは食事の最後に、頻繁に登場したのが『クロスタータ』だった。粉と砂糖と卵とバターを練った生地に、ジャムを塗り、格子状の飾りをつけて焼き上げた素朴な菓子。多くの家庭には、ダイニングテーブルに麺棒とのし板が組み込まれた、なんとも実用的な家具があって、私を驚かせた。天板の下からはのし板が、端からは麺棒が出てくる仕組みで、女性たちはパスタを打ったり、菓子を作ったりした。どちらも板に粉を山にして盛り、中心をくぼませて卵を割る。菓子ならば、さらにバターや砂糖を入れる。あとは手で練ってまとめ、麺棒でのばす。菓子作りだからといって細かい決まりはない。

彼らにとって大切なのはどちらかといえば生地に塗るジャムの方だった。友人たちの家の庭には、さまざまな果樹が植えられていたが、気候のいいイタリアでは、果物の実つきがよく、味も濃い。地下の倉庫に数えきれないほどのジャムの瓶が並んでいる家も多く、遊びに行くと決まって手土産に持たせてくれたものだった。誕生日には、季節のジャムで作ったクロスタータで、お祝いをしてくれる。

クロスタータは、私たち日本人が、昔はきっとどこの家庭でも作っていた、餡入りのおもちのような存在なのだと思う。餡を炊き、丸め、ついたもちで包む。自らの手を使い、日々の甘味《かんみ》を作り、家族や友と分かち合うこと。それは、世界共通の癒し、と言ってもいいのかもしれない。

夏野菜にサルサヴェルデ ―

p.197

フィレンツェの大聖堂にほど近い、とある屋台。語学学校の帰り道、スーツや作業服姿の男たちの間に身を滑り込ませる。髭面の店主がアルミニウムの大鍋から茶色っぽい塊を巨大なフォークで突き刺し、使い込んだまな板に取り出す。瞬く間に大きな包丁で刻み、半透明の薄紙の上にのせると、濃い緑色に輝くソースをさっとかけてくれる。塊の正体はランプレドットという。牛の第四番目の胃袋だ。屋台の店先に陣取り、楊枝で緑色のソースを絡めながら食べると、牛の臓物の仄かな匂いと、鮮烈なイタリアンパセリの青い香りのコントラストが、鼻の奥をくすぐる。

滞在先のトスカーナの家で毎週のように作ってもらった『レッソ』にも、緑のソース、『サルサヴェルデ』は欠かせない。牛の塊や丸鶏を香味野菜とともに水でじっくり煮て、漉した黄金色に透き通る汁をまずスープとして飲む。次に、肉にオリーブ油と塩をかけて一口。そして、〝三日月〟と呼ばれるイタリア式のほとんど切れない両手付き包丁で、たっぷりのイタリアンパセリを刻んで作ったサルサヴェルデを添えてまた一口。アンチョビやケッパーの隠し味が食欲を掻き立てる。

しかし、この緑のソースの真価に気づいたのは、ピエモンテで過ごしたある夏のことだった。研修先の厨房の賄いに、残り物の緑のソースが出される日、私は心の中で小躍りした。弾けんばかりに熟したトマトやパプリカに添えて食べるのだ。肉がなくとも野菜だけ、あるいはゆで卵にかけてもご馳走になる。

大きな木の下で食卓を囲み、赤い野菜に緑のソースをたっぷりとのせて頬張ったあの夏に、帰ることはできないのだろうか。

魚のパスタ ―
p.198

北アフリカ・チュニジアの対岸に位置する西シチリアに、トラーパニという街がある。縁あって幾度となく足を運んだこの辺りでは、イタリアで唯一クスクスが作られている。初めて訪れた時、多くの食堂の店先に〝本日、魚のクスクス〟と書かれていたのを不思議に思ったものだった。しかし、その後、モロッコでクスクスの洗礼を受け、改めてシチリアの地図を眺め、合点がいった。チュニジアはまだ訪れたことがないが、少なくともモロッコとシチリアのクスクスはまったく違う。シチリアでは、クスクスそのものを粗挽きのセモリナから手作りすることが多いが、これが驚くほど香り高い。ソースはその日に水揚げされた、十数種類もの魚や海老を取り合わせたもので、旨味の塊そのものだ。しかも、そこに魚の姿はない。煮込んだソースは丁寧に漉し、出てきたスープをクスクスに絡ませ、さらに蒸し上げる。途方もなく手間と時間のかかる料理なのだ。

トラーパニの滞在先で食べさせてもらった『魚のパスタ』は、シチリア式クスクスと並び、私の記憶から離れることがない。クスクスと同様、その日に獲れたいろいろな小魚を取り混ぜ、トマトやハーブと煮込んでから裏漉しをする。そのソースを受け止めるのは、幅広のパッパルデッレだ。普通、猪や野兎などの野生の肉のソースを食すためのパスタだが、私は断然、魚のソースに合わせたい。トラーパニの旅が残してくれた、黄金のレシピのひとつである。

オーブンカポナータ——
p.200

シチリアで初めてカポナータを食べた時の興奮は、いまも忘れない。なすをこんがりと揚げ、オリーブやケッパー、松の実や干しぶとうなどと炒め合わせ、砂糖とワインビネガーで甘酸っぱい味つけをする料理だ。一口食べて、シチリア料理の深淵に触れ、打ちのめされた。

しばらく居候をさせてもらったエトナ山の麓の家で、台所の主・アンナにカポナータ作りを教えてもらえることになり、大喜びをしたが、なすの下拵えからして大仕事だった。イタリアではなすのあく抜きを塩で行う。切ったなすに塩をまぶしてざるに上げ、出てきた真っ黒な水を洗う。なすの水気を拭いたら、ようやく揚げる準備が整う。たっぷりのオリーブ油で飴色になるまで揚げ、再びざるに上げて油を落とす。揚げる量もキロ単位なので、へとへとになる。

そうして、手間暇かけて作ったカポナータは格別だった。シチリアの素材の味や香りのよさは抜群で、長い歴史に支えられた料理には有無を言わせぬ迫力がある。とはいえ、作る方は大変だ。その苦労をいちばん知っている、アンナがうれしそうに教えてくれたのが、『オーブンカポナータ』だった。本来のカポナータとは別物だが、揚げて作るよりも格段に軽やかで、たくさん食べられる。

「おいしい！」と何度もお代わりする私を、アンナは目を細めて眺めた。

その後も彼らの家を訪ねるたびに、「アイが来るから作っておいたよ」と必ず用意して待っていてくれた。私もあれから何度も真似してみるが、決してアンナが作るようにはならず、肩を落とす。おいしく料理を作る道のりは、まだまだ遠い。

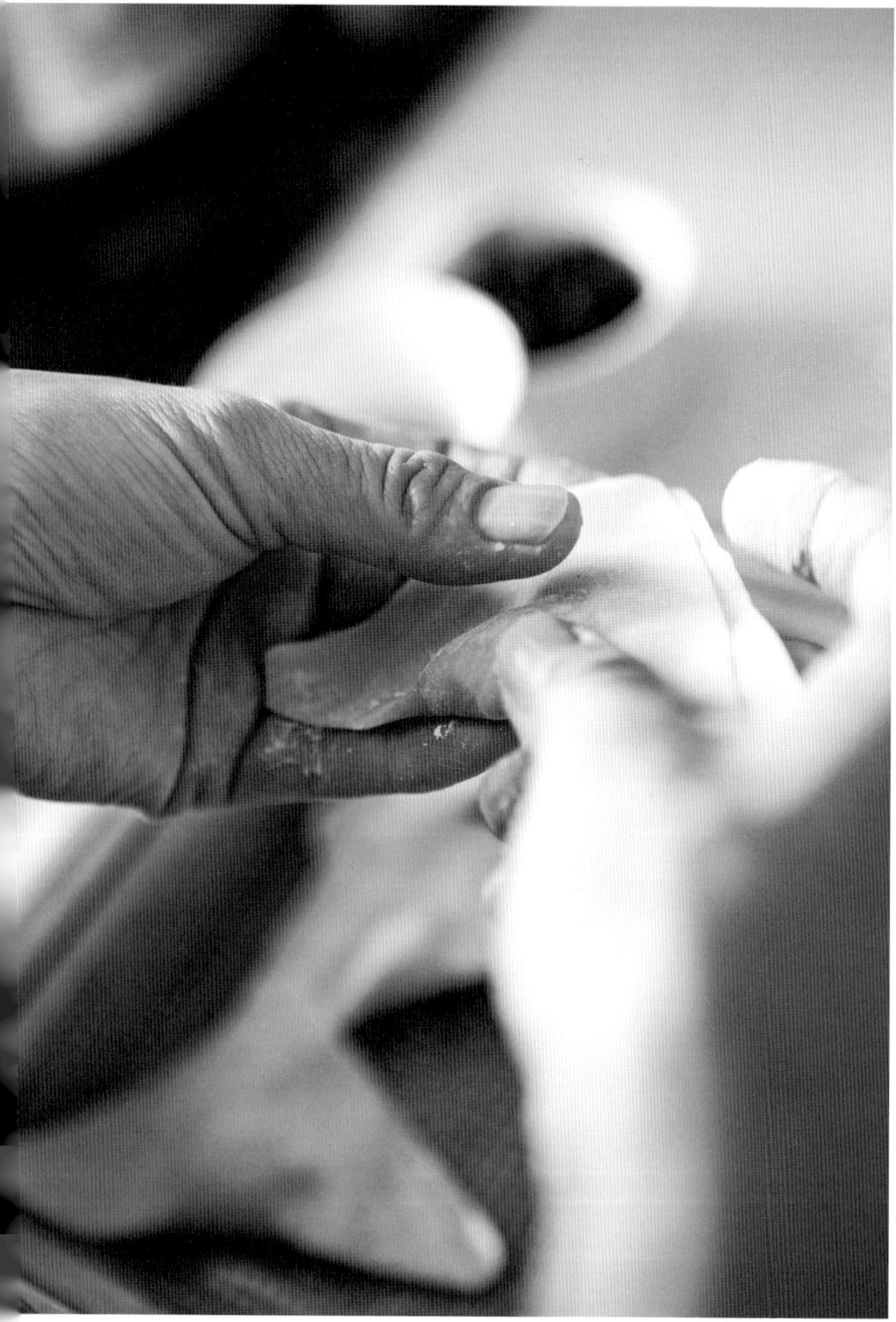

レシピ

*レシピの材料は、特に表記のないものは４人分です。
*材料では、塩と粗塩の区別をしておりません。
*分量について記述がないものは、適量となります。

台湾

taiwan

はまぐりのスープ

↓料理 P.66

はまぐり――20個
酒――大さじ1
水――1kg
しょうが――1かけ
芹菜――1つかみ
香菜――1つかみ
塩

はまぐりは洗って砂抜きする。
鍋に入れ、酒と水を注いで強火にかける。
しょうが、芹菜、香菜は刻んでそれぞれの碗に入れておく。
煮立ったらあくを取り、はまぐりの口が開いたら塩で味をととのえる。
火を止め、碗に熱々を盛る。

菊菜炒め

↓料理 P.66

菊菜――両手に山盛り
鶏油*――大さじ1
塩

菊菜はたっぷりの冷水に浸しておく。
中華鍋を中強火で熱して鶏油を入れ、水を軽く切った菊菜を加える。
ふたをしてしばらくしたら裏返し、全体がしんなりしたら塩をふってあおり、器に盛る。

*［鶏油］
鶏の皮と脂
香味野菜（しょうが、にんにく、ねぎの青いところなど）

*鶏油
すべてを合わせてボウルに入れ、20分ほど蒸して染み出てきた液体を漉して使う。鶏の皮や脂の量が少ない時は、ひたひたに米油を足してから蒸す。瓶などに移し、冷蔵庫で保存する。

翡翠豆腐

→料理 *P.66*

豆腐 —— 1丁
ごく細いアスパラガス —— 1つかみ
スナップエンドウのさやの中の豆 —— 1／2カップ
太白ごま油 —— 大さじ2
塩

豆腐は軽く水切りし、切らずに大鉢に盛る。

アスパラガスはかたいところを手折り、冷水に浸しておく。

豆は小さなざるに入れて、冷水に浸しておく。

湯を沸かし、塩を入れてアスパラガスをさっとゆでる。

青々としたら、すくって豆腐にのせる。

続いて、同じ鍋に豆を入れたざるを一瞬つけ水気を切って、アスパラガスの上に散らす。すぐに太白ごま油を回しかけ、粗塩をふる。

甘鯛の梅干菜蒸し

→料理 P.66

甘鯛——1尾
梅干菜——20g
エシャロット——4個
しょうが——小1かけ
酒——大さじ2
塩——少々
[仕上げ]
わらび——1つかみ
小ねぎ——数本
香菜——数本
油(落花生油、米油など)——1／4カップ
しょうゆ——少々

甘鯛はわたを除いて流水で洗い、水気をしっかりと切る。

蒸篭または蒸し器にオーブンシートを敷き、甘鯛をのせる。

さっと洗ってごく細かく刻んだ梅干菜、薄切りのエシャロット、しょうがをのせ、酒と塩をふって強火で蒸す。

魚の身の厚いところに火が通るまで10分ほど蒸す。

その間にわらびをさっと塩ゆでし、冷水に取る。

小ねぎと香菜は適当に刻む。

魚を皿に盛り、蒸し汁をかける。

小ねぎと香菜を散らし、水気を切ったわらびをふんわりと盛る。

油を小鍋に入れ、煙が出るまで熱して回しかけ、しょうゆ少々をかける。

○梅干菜とは、塩漬けにしたからし菜の葉を天日干しにしたもの。
○甘鯛の代わりに、ほかのどんな白身魚を使ってもよい。
○台湾では若いわらびの葉が売られているが、ほとんどあくがない。日本のわらびの場合は、あく抜きをしてから、湯通しして使う。

木の実意麺

→ 料理 *P.67*

意麺 ―― 4玉

［たれ］

木の実いろいろ（落花生、ひしの実、松の実、ヘーゼルナッツ）―― 200g

芝麻醤《チーマージャン》 ―― 40g

ごま油 ―― 20g

麺のゆで汁 ―― 160g

［薬味］

ささげの漬物 ―― 20g

干し大根の漬物 ―― 20g

小ねぎ ―― 数本

香菜 ―― 数本

塩

木の実は合わせてやわらかく蒸す。

漬物と小ねぎ、香菜はそれぞれ刻み、合わせて小さな器に入れておく。

たっぷりの湯を沸かし、意麺をゆでる。

途中、ゆで汁を取って芝麻醤、ごま油とよく混ぜてめいめいの碗に入れる。

意麺は1分半ほどゆでたら、湯を切り、たれを入れた碗に盛る。

木の実を散らし、粗塩をふる。

各自で薬味をかけ、しっかりと混ぜて食べる。

○意麺は、台南名物の麺。細めのうどんなどで代用できる。

○台湾では蒸した落花生やひしの実が売られている。

○芝麻醤は、白ごまペーストと落花生ペーストを合わせたもの。どちらか一方でもよい。

茶わんたん

→料理 P.68

［わんたん］
好みの中国茶の茶葉 ―― 4g
豚肩ロース塊肉 ―― 200g
しょうが ―― 5g
米油 ―― 10g
塩 ―― 2つまみ
わんたんの皮 ―― 30枚

［スープ］
鶏スープ* ―― 500g
塩

*［鶏スープ］
鶏がら ―― 2羽分
香味野菜（ねぎ、にんにく、しょうが、セロリ、エシャロット、茴香など）
塩

湯を沸かし、茶壺や蓋碗を温めて茶葉を入れる。よく沸騰した湯200gを注いで30秒ほどおいたら、温めた茶杯に注ぎ、1煎目は飲む。

2煎目の茶を肉だね用とスープ用に取り置く。

飲みながら何煎か淹れ、茶葉がやわらかくなったら、肉だね用に10g取って刻む。

豚肉は薄切りにし、さらに粗く刻み、ごく軽く叩く。

ボウルに豚肉、刻んだ茶葉、しょうがのすりおろし、米油、塩、2煎目の茶から大さじ1を加えてよく練る。

わんたんの皮に肉だねをのせ、端に水をつけて半分に折り、空気を抜くように閉じる。

湯をたっぷりと沸かしてわんたんをゆでる。

鶏スープを熱々にして塩味をととのえ、2煎目の茶を温め直す。

わんたんの湯が再沸騰して2分ほど経ったら、湯を切って温めた碗に盛る。

熱々の鶏スープをひたひたにかけ、2煎目の茶を好みの量注ぐ。

○お茶は良質であればどんな種類でもよい。今回は梨山茶を使用。

*鶏スープ

鶏がらは流水でよく洗い、血の塊や脂を除く。

鍋に鶏がらとたっぷりかぶるくらいの水を入れ、強火で煮る。

あくをしっかりと取り除いたら、香味野菜を入れて弱火で煮る。

あくが出てきたらすくいながら、2時間ほど煮る。

目の細かい網で漉し、塩をする。

鶏肉の白鍋

→料理 P.70

地鶏（骨つきぶつ切り）――半羽分
酒――1／2カップ
香味野菜（ねぎ、にんにく、しょうが、芹菜、エシャロット、茴香の葉など）
白木耳（乾燥）――1つかみ
珊瑚草――1つかみ
塩
薬味（香味野菜に使ったもの）
腐乳

鶏肉は皮や脂を外す。

土鍋にたっぷりと湯を沸かして酒を入れ、鶏肉を入れて強火で煮る。あくをしっかりと取り除いたら、火を弱める。

香味野菜と粗塩を加え、ふたをして1時間ほど煮る。

骨が簡単に外れるくらいにやわらかくなったら、火を止める。

白木耳と珊瑚草はよく洗い、それぞれたっぷりの水に浸してやわらかくなるまでおく。

かたいところを外し、食べやすい大きさにちぎる。

香味野菜を取り除き、白木耳と珊瑚草を加えてさっと煮る。

煮えばなをめいめいの鉢に取り、好みで薬味と腐乳を添える。

○珊瑚草は火を通してしばらくおくと固まってしまうので、すぐに食べるようにする。日本では手に入りにくいので、省いてよい。

柑橘愛玉

→料理 P.72

[ローゼル蜜]
ローゼル——5個
きび砂糖——50g
水——200g

[柑橘汁]
好みの柑橘いろいろ

[愛玉]
愛玉——5g
水——300g

ローゼルはがくのまわりにナイフで切り込みを入れ、種を除く。
鍋に入れ、きび砂糖と水を加えて中強火にかける。
煮立ったらあくを取り、うっすらととろみがつくまで煮たら火を止め、冷やしておく。
柑橘はそれぞれ汁を搾り、合わせて漉し、冷やしておく。
愛玉をさらしの袋に入れ、分量の水を入れたボウルの中でもむ。
ぷるんとしたらぎゅっと搾って冷蔵庫に入れ、そのまま1時間ほどおく。
冷やした器に愛玉を盛り、柑橘の汁をひたひたに張り、ローゼル蜜をひとさじかける。

○ローゼルはアオイ科フヨウ属の植物。ハイビスカスティーの原料となる。
○柑橘はここではミカン、ザボン、レモンを使った。甘味と酸味のバランスを考え、好みのものを数種類混ぜるとよい。
○愛玉はクワ科イチジク属のつる性植物で、その果実の種を水の中でもみ出すと透明感のあるゼリーができる。手に入らない時は、代わりにアガーやゼラチンでゆるめの水のゼリーを作るとよい。

韓国

korea

ごぼうジャンのサンパプ

→料理 P.74

［ジャン］
ごぼう――1／2本
米油――大さじ1
にんにく――小1かけ
コチュジャン――大さじ1
みそ――大さじ1
きび砂糖――大さじ1
すりごま――大さじ1
ごま油――大さじ1
粗挽き唐辛子――小さじ1
［仕上げ］
葉野菜（キャベツ、サンチュ、サニーレタス、えごまの葉など）
ご飯

ジャンを作る。

ごぼうは小口切りにし、水にさらす。

鍋を熱して米油を入れ、ごぼうを炒める。

ごぼうが透き通ったら、水をかぶるくらいまで加え、ふたをしてやわらかくなるまで煮る。

にんにくのみじん切り、コチュジャン、みそ、きび砂糖を加えて練り、火を止める。

ごま油、すりごま、粗挽き唐辛子を加えてよく混ぜる。

葉野菜を盛り合わせ、小さな器にジャンを盛る。

各自で葉野菜を手に取り、ご飯とジャンを少しずつのせてくるんで食べる。

○ジャンにはごまやくるみ、松の実などを入れてもよい。

ペクスク

→料理 P.74

丸鶏――1羽(約1kg)
ねぎ(青い部分)――2本分
にんにく――2かけ
しょうが――1かけ
玉ねぎ――1個
[薬膳材料]
ファンギ(キバナオオギ)、オムナム(ハリギリ)、ウコギ、ホトケギ、センキュウ、トウキ、ナツメなどのうち数種類
[たれ]
ごま油
塩

丸鶏は、脂や血の塊などを除き、流水で洗って水気を切る。

ねぎはぶつ切り、にんにくは皮をむき、しょうがはつぶし、玉ねぎは皮をむいて乱切りにする。

薬膳材料はだし用の袋などに入れる。

鍋に丸鶏と香味野菜、薬膳材料を入れて熱湯をたっぷりかぶるくらい注ぐ。

ひと回り大きな鍋に入れ、縁から熱湯を注ぐ。

ふたをして弱火で1時間ほど、あくと脂を除きながら、骨から簡単に肉が外れるくらいまで煮る。

骨から肉を外してめいめいの器に煮汁とともに取り分ける。

別の小鉢にごま油、粗塩を入れ、好みで肉につけながら食べる。

○上記の薬膳材料がない時は、松の実を入れたり、香味野菜だけで作ったりしてもおいしい。
○ごま油と粗塩のたれに白すりごまを加えてもよい。
○残った汁でもち米のおかゆを炊くとおいしい。

白菜のコッチョリ

→料理 P.74

白菜――400g
塩――白菜の2%
魚醤――白菜の0.5%
レモン汁――25g

白菜は1枚ずつ剥がし、やや大きめにちぎる。
塩でもみ、重石をしてしばらくおく。
水分が出てきたらざるに上げ、しっかりと絞る。
魚醤とレモン汁であえ、重石をしてさらにしばらくおく。
汁ごと器に盛る。

春菊のナムル

→料理 P.74

春菊――1把
にんにく――少々
すりごま――大さじ1
ごま油――大さじ1
塩

春菊は冷水に浸しておく。
湯を沸かして塩を入れ、春菊をゆでる。
青々としたら、塩をほんのりきかせた冷水に浸しておく。
盆ざるに上げ、自然に水気を切って、食べやすく刻む。
にんにくのみじん切り、すりごま、ごま油、塩を加えて手で優しくあえる。

大根の水キムチ

→料理 P.76

大根——1本
塩——大根の重量の3％
しょうが——1かけ
にんにく——1かけ
小ねぎ——2〜3本
りんご——1／8個
梨——1／8個
生唐辛子（赤または青）——1本
［塩水］
水
塩——水の重量の3％
笹の葉（あれば）——数枚

大根は縦に切り、厚手のビニール袋に入れる。

塩をまぶして重石をし、一晩おく。

しょうがとにんにくは刻み、だし用の袋に入れる。

小ねぎは束にして結び、りんごと梨は皮とへたを除く。

大根が浸かる量の水と塩を合わせ、塩水を作る。

大根の袋にすべての材料を加え、たっぷりかぶるくらいの塩水を注ぎ入れる。

空気をしっかりと抜いてビニール袋の口を結ぶ。

常温で1週間から10日間おく。

汁が白濁し、味をみてほんのりした酸味が出てきたら、大根と漬け汁以外の材料を取り除く。

密閉容器に移し、笹の葉を加えて冷蔵庫で保存する。

○笹の葉を入れると腐敗しにくいというのは、韓国の方から学んだ知恵。

干し大根のナムル

↓料理 P.77

干し大根——20g
にんにく——少々
えごま粉——小さじ1
粒えごま——小さじ1
えごま油——小さじ1
酢
塩——少々

干し大根は洗ってたっぷりの水に浸す。
何回か水をかえながらやわらかくなるまで戻したら、ざるに上げて、
水気をしっかりと絞る。
にんにくのみじん切り、えごま粉、粒えごま、えごま油、酢、塩で
あえる。

栄養飯

↓料理 P.78

好みの乾燥豆（大豆、黒豆、うずら豆など）－80g
米―――1カップ
もち米―――1／2カップ
雑穀（黒米、玄米、麦、あわ、きびなど）――40g
豆の蒸し汁＋水―――250g

豆は洗って一晩水に浸しておく。

漬け水に浸したまま、蒸気の立った蒸し器に入れ、30分～1時間ほど蒸す。

豆がほどよいかたさになったら、火を止める。

米ともち米は合わせて研ぎ、さっと洗った雑穀も合わせて30分ほどざるに上げる。

豆と蒸し汁を漉して分ける。

鍋に米、雑穀、豆、豆の蒸し汁と、足りない場合は水を加えてふたをし、1時間ほどおく。

中火にかけ、蒸気が出てきたら弱火にし、15分炊く。

数秒火を強め、火を止めて3分蒸らし、さっくりと混ぜる。

○季節により、落花生、栗、銀杏、むかごなどを入れてもよい。

郵便はがき

141-8205

おそれいりますが
切手を
お貼りください。

東京都品川区上大崎3-1-1
株式会社CCCメディアハウス
書籍編集部 行

CCCメディアハウス　書籍愛読者会員登録のご案内
＜登録無料＞

本書のご感想も、切手不要の会員サイトから、お寄せ下さい！

ご購読ありがとうございます。よろしければ、小社書籍愛読者会員にご登録ください。メールマガジンをお届けするほか、会員限定プレゼントやイベント企画も予定しております。
会員ご登録と読者アンケートは、右のQRコードから！

小社サイトにてご感想をお寄せいただいた方の中から、
毎月抽選で2名の方に図書カードをプレゼントいたします。

■アンケート内容は、今後の刊行計画の資料として
利用させていただきますので、ご協力をお願いいたします。
■住所等の個人情報は、新刊・イベント等のご案内、
または読者調査をお願いする目的に限り利用いたします。

愛読者カード

■本書のタイトル

■本書についてのご意見、ご感想をお聞かせ下さい。

※ このカードに記入されたご意見・ご感想を、新聞・雑誌等の広告や
弊社HP上などで掲載してもよろしいですか。

はい（実名で可・匿名なら可）・いいえ

ご住所	□□□-□□□□　☎　－　－		
お名前	フリガナ	年齢	性別
			男・女
ご職業			

ホットク

→料理　P.79

［生地］
- 白玉粉 —— 50g
- 薄力粉 —— 100g
- ドライイースト —— 2g
- 砂糖 —— 10g
- 塩 —— 1g
- ぬるま湯 —— 100g
- 米油 —— 10g

［詰めもの］
- 黒砂糖 —— 40g
- シナモンスティック

白玉粉は大きな粒をつぶしておく。

粉類、ドライイースト、砂糖、塩をボウルに入れてよく混ぜる。

ぬるま湯を注いでひとまとまりにし、米油を加えてよくこねる。

表面がなめらかになったら継ぎ目を下にしてボウルに入れ、全体に米油（分量外）をまぶす。

ラップをして暖かいところで1時間ほど、倍くらいの大きさになるまでおく。

米油を塗ったまな板の上に移し、なまこ形にする。

黒砂糖にシナモンスティックを削り、混ぜておく。

生地を包丁で4分割し、それぞれを手のひらの上で丸く広げる。

中心に詰めものをのせ、縁を寄せながら、詰めものがはみ出さないように包む。

フライパンを弱火で熱し、米油をたっぷりと引き、継ぎ目を下にして置く。

5分ほど焼き、下の面にうっすらと焼き色がついたら、油を塗ったフライ返しで軽く押しつけ、裏返す。

さらに5分焼き、両面に綺麗な焼き色がついたら取り出す。

干し野菜ご飯

→料理 P.80

好みの干し野菜――20g
大根――100g
米――2カップ
ごま油――大さじ1
[ヤンニョムカンジャン（薬味しょうゆ）]
作りやすい分量
青ねぎ――20g
にんにく――少々
粗挽き唐辛子――小さじ1
ごま油――大さじ1
しょうゆ――大さじ1
煎りごま――大さじ1

干し野菜は一晩たっぷりの水に浸して戻す。

米を研ぎ、ざるにあげて30分ほどおく。

鍋に入れ、食べやすく切った干し野菜と棒状に切った大根を加える。

分量の水を注いでごま油を回しかけ、ふたをして中火にかける。

沸騰したら弱火で15分炊き、最後に3秒強火にして火を止め、3分蒸らす。

青ねぎは小口切り、にんにくはみじん切りにし、すべての材料をよく混ぜて、ヤンニョムカンジャンを作る。

器に盛ったご飯にヤンニョムカンジャンをかけ、よく混ぜて食べる。

○韓国ではさまざまな干し野菜が作られている。ウコジ（白菜の外葉）やシレギ（大根の葉）のほか、韓国かぼちゃ、なす、ずいき、山菜などをからからに干し、チゲやご飯の具、ナムルなどに使う。切り干し大根などを使ってもよい。

いちごと五味子茶

→料理 P.82

五味子――20g
水――200g
グラニュー糖――40g
いちご――200g
［仕上げ］
いちご――200g

五味子は洗って瓶に入れ、分量の水に浸して一晩おく。
瓶にグラニュー糖を加えて混ぜ、五味子茶を作る。
いちごを半量の五味子茶とともにつぶしてソースを作る。
仕上げ用のいちごを半割りにし、器に盛る。
いちごの上から、残りの五味子茶とソースをかける。

○五味子が手に入らない場合は、ローゼルのがくを乾燥させたハイビスカスティーで代用してもよい。

えごまのスジェビ

→料理 P.84

［スジェビ］
中力粉――200g
えごま粉――40g
水――100g
塩――1つまみ
片栗粉
［スープ］
*昆布といりこの水だし――1.5kg
えごま粉――60g
青唐辛子――1本
にんにく――1かけ
塩
［薬味］
生青唐辛子、えごま（葉、粒）

ボウルに中力粉、えごま粉（スジェビ用）、水、塩ひとつまみを入れてよくこねる。

台の上に移し、表面がなめらかになるまでこねたら、ボウルをかぶせて30分ほどおく。

鍋に昆布といりこの水だしを漉して入れ、えごま粉、青唐辛子、にんにくのみじん切り、塩を入れて強火にかける。

生地に片栗粉をまぶし、手で薄くのばしながらひと口大にして、煮立った汁にちぎり入れる。

時々混ぜながら煮て、火が通ったら汁とともに器に盛る。

生青唐辛子の薄切り、えごまの葉の千切り、えごまの粒を薬味として添える。

*昆布といりこの水だし
鍋にいりこ15gを入れてごく弱火で煎り、香りが立ったら昆布15g、水1.5kgを加えて一晩冷蔵庫に置く。

○えごま粉が手に入らない場合は、すりごまで代用する。

豆腐の煮もの

→料理　P.86

木綿豆腐 —— 1丁
えごま油 —— 大さじ2
［ヤンニョムカンジャン（薬味しょうゆ）］
→P.156参照

豆腐は2㎝ほどの厚さに切り、キッチンペーパーで包んで水気を切っておく。
フライパンを熱してえごま油を引き、中弱火で豆腐を焼く。
下の面が簡単に剥がれるくらいになったら裏返す。
両面こんがりと焼けたら、薬味しょうゆを小さじ半分ずつほどのせる。
ふたをして、弱火で味がしみるまで5分ほど焼く。

モロッコ

morocco

ひよこ豆とクミンのスープ

→料理 P.88

ひよこ豆――100g
玉ねぎ――1／2個
クミンシード――小さじ1／4
オリーブ油――大さじ2
塩

ひよこ豆は洗って鍋に入れ、たっぷりの水に一晩浸しておく。

中火にかけ、煮立ったらふたをしてごく弱火で1時間ほどゆでる。

芯までやわらかくなったら、玉ねぎの薄切りとクミンシードの半量、塩を入れ、ふたをして30分ほど煮る。

十分なこくが出たらミキサーでなめらかにし、重たい時は様子を見て水を足す。

小鍋に残りのクミンシードを入れて強火で煎り、香りがしたら火を止めてオリーブ油を加え混ぜ、クミンオイルを作る。

温めた器にスープを盛り、クミンオイルを回しかける。

ホブス

→料理 P.89

直径約20㎝大1枚分

強力粉——100g
全粒粉——100g
ドライイースト——0.5g
塩——4g
はちみつ——10g
水——180g
［仕上げ］
小麦ふすま、または白すりごま——大さじ1

ボウルに粉類、ドライイースト、塩を入れて混ぜ、中心をくぼませる。

別のボウルにはちみつと水を入れて混ぜ、粉類のくぼみに注ぐ。

カードでボウルの底からすくい上げるように混ぜ、だまがなくなったら止める。

ひと回り小さなボウルに生地を移し入れ、ラップを二重にする。

1時間ほど室温においてから、冷蔵庫の野菜室で12時間以上発酵させる。

取り出して室温に1時間ほどおき、常温に戻す。

オーブンシートを敷いた天板に生地を移し、水で濡らした手で円形にする。

霧を吹き、さらに30分ほど暖かいところに置いて発酵させる。

再び霧を吹いて小麦ふすま、または白すりごまをまんべんなくかける。

220℃のオーブンで15分ほど、途中2回ほど霧を吹きながら、きつね色になるまで焼く。

モロッコ風サラダ

→料理 P.90

トマト―1個
赤パプリカ―1個
ラディッシュ―4個
赤玉ねぎ―1／4個
コリアンダー、イタリアンパセリ―各数本
レモン―1個
クミンパウダー―小さじ1／4
オリーブ油
塩

野菜はすべて賽の目に切り、ハーブは粗く刻む。
レモンの搾り汁、オリーブ油、クミンパウダー、粗塩であえる。

オレンジにシナモン

→料理 P.91

オレンジ―4個
シナモンスティック―1本
グラニュー糖または粒の粗いきび砂糖

オレンジは白い皮までそぎ落とし、輪切りにして皿に盛る。
シナモンスティックをすりおろし、砂糖をたっぷりとふる。

ミントティー

→料理 P.91

中国緑茶または紅茶——大さじ1
角砂糖——6個
ミント——1つかみ

温めたティーポットに茶葉、角砂糖、ミントを入れて、沸騰した湯600gを注ぎ、5分ほどおく。

温めたチャイグラスに、やや高い位置から注ぐことを数回繰り返し、砂糖を溶かす。

トマトの詰めもの

→料理 P.92

トマト——大4個
[詰めもの]
玉ねぎ——1個
米——1カップ
干しぶどう——1/4カップ
松の実——1/4カップ
イタリアンパセリ——1つかみ
フェンネル——1つかみ
オリーブ油——1/4カップ
塩、こしょう

トマトはへたの部分をふたのように切り、中身をくり抜く。

玉ねぎを賽の目に切り、オリーブ油で甘味がしっかりと出るまで炒める。

火を止めて、米、干しぶどう、松の実、くりぬいたトマトの半量、粗く刻んだイタリアンパセリとフェンネル、塩、こしょうを混ぜる。

耐熱皿にオリーブ油(分量外)を引き、詰めものをしたトマトを並べ、残りのトマトの中身を散らす。

200℃のオーブンで1時間ほど焼き、粗熱を取ってから供する。

いちじくの氷菓

→料理 P.94

緑いちじく——２００g
グラニュー糖——50g
黒いちじく——２００g
きび砂糖——80g
はちみつ——小さじ4

緑いちじくはへたを除き、皮ごと薄切りにする。
バットに広げてグラニュー糖をふり、オーブンシートで落としぶたをして、冷凍する。
黒いちじくは皮をむき、フォークでざっくりとつぶす。
きび砂糖を加えてねっとりとするまで混ぜ、緑いちじくと同様にして冷凍する。
緑いちじくをミキサーにかけ、なめらかにして器に盛る。
黒いちじくをすくって上からのせ、はちみつを回しかける。

ムセンメン

→料理 P.96

4枚分

強力粉 ―― 210g
薄力粉 ―― 100g
塩 ―― 4g
水 ―― 200g
米油

ボウルに粉類と塩を入れて混ぜ、水を少しずつ注ぎ、手につかなくなるまでこねる。
油を塗ってボウルに入れ、覆いをして30分以上休ませる。
生地を4等分して油をまぶしておく。
生地をひとつ取って両手である程度のばし、油をまんべんなく塗った台の上に置く。
両手の指の腹全体を押し当てながら、薄くのばしてゆく。
全体が透き通るくらいになったら、油を全体に塗る。
奥、手前、右、左の順に中央に向かって折り、四角形にする。
油を塗り、他の生地も同じように成形する。
鉄製のフライパンを逆さにして中火にかけ、しっかりと温める。
生地を再び指先でまんべんなくのばし、2㎜厚さの四角形にする。
すぐに熱したフライパンに移して中火で焼く。
下面に焼き色がついたら、裏返してもう一面も焼く。
焼きたてにバターを散らし、はちみつをかけて食べる。

○生地をのばす時、本来はクスクスを混ぜたり盛ったりする赤土の平鉢を使う。

オクラのタジン

↓料理 p.98

オクラ――500g
赤玉ねぎ――中1個
プチトマト――10個
塩レモン――1／8個分
チャイブ――数本
オリーブ油
塩

オクラはがくを落とし、乱切りにする。

赤玉ねぎはざく切り、プチトマトは乱切りにする。

タジンにオリーブ油をたっぷりと引き、赤玉ねぎとプチトマトの半量を入れる。

細かく刻んだ塩レモンの半量を散らしてオクラをのせ、残りの塩レモン、赤玉ねぎ、プチトマトを散らす。

上からオリーブ油を回しかけ、ふたをする。

中火にかけて煮立ったら弱火にし、オクラがやわらかくなるまで蒸し煮にする。

仕上げにチャイブの小口切りを散らしてざっくりと混ぜ、塩で味をととのえる。

中国 *china*

山菜と香草の焼きトマトだれ

→料理 P.100

好みの山菜や香草

［トマトだれ］

トマト（完熟で甘味の強いもの）――中2個

赤パプリカ――1個

生赤唐辛子――1本

にんにく――1かけ

魚醬――約大さじ1

酢――約大さじ2

香菜――数本

塩

トマト、赤パプリカはへたを除き、焼き網にのせて直火で炙る。それぞれ全体が焦げたら粗熱を取り、皮をむく。パプリカは種を外す。

石臼やすり鉢に生赤唐辛子とにんにくを入れてつぶし、さらに焼いたトマトとパプリカを加えてつぶしておく。

山菜は必要に応じてあく抜きし、色よく塩ゆでして水気を切る。

トマトだれに魚醬と酢を加え混ぜて塩で味をととのえ、粗く刻んだ香菜を加える。

山菜と香草を盛り合わせ、トマトだれを添えて供する。

○山菜はこごみ、たらの芽、たけのこ、わらびなど。香草は茴香やディルなど。アスパラガスやきゅうりもよく合う。

プーアル茶卵

→料理　P.100

プーアル茶（生茶）――2g
卵――4個
米油――大さじ2
塩――4つまみ

プーアル茶は茶壺に入れ、洗茶をしてから200gの熱湯を注ぐ。
何煎か淹れて飲み、やわらかくなった茶葉の半量を刻む。
卵を割ってざっと溶き、刻んだ茶葉、淹れた茶を大さじ4、塩を加えて混ぜる。
フライパンを中火で熱して米油を引き、残りの茶葉を広げて弱火にかける。
香りが立ったら卵液を流し入れ、大きくひと混ぜして中強火で焼く。
フライパンを大きく回しながら、ゆるい卵液を鍋底に流し入れる。
表面が半熟になったら皿をかぶせて裏返す。
さっと火を通したら火を止め、余熱で焼き上げる。

じゃがいも炒め

↓料理 P.100

じゃがいも――400g
にんにく――1かけ
青ねぎ――2本
赤唐辛子――2本
米油――大さじ8
塩
じゃがいもは皮ごと蒸し、熱いうちに皮をむいてすりこぎでやや粗くつぶす。
フライパンに米油、つぶしたにんにく、青ねぎと赤唐辛子の小口切りを入れて中火にかける。
香りが立ったらじゃがいもを加え、塩をふり、油がしっかり絡むように炒める。
塩味をととのえ、器に盛る。

○たっぷりの油がおいしさのポイント。つるりとした食感のじゃがいもを使うとおもちのような食感に仕上がる。

青い豆炒め

↓料理 P.100

グリーンピース――1カップ
そら豆――1カップ
米油――大さじ4
グリーンピースはさやをむき、そら豆は薄皮までむく。
フライパンを熱して米油を入れ、強火でグリーンピースをさっと炒める。

塩

水をかぶるくらい加えて塩をふり、ふたをして蒸し煮にする。

ほんのり歯ごたえが残るくらいになったら、そら豆を加えてさっと炒める。

塩味をととのえ、器に盛る。

薄荷と豆腐のスープ

→料理 P.100

中華だし* —— 800g
木綿豆腐 —— 1丁
スペアミント —— 16枝
酒 —— 大さじ1
塩

*[中華だし]
鶏がら
いりこ
昆布
香味野菜(ねぎ、にんにく、しょうが、セロリ、玉ねぎ、香菜の根など)
粒こしょう

中華だしを鍋に入れ、豆腐を好みの形に切って加え中火にかける。

スペアミントは枝のまま水につけておく。

酒、塩で味をととのえ、豆腐が浮き上がって汁が熱々になったら、スペアミントを入れてひと煮立ちさせ、火を止める。

*中華だし
鶏がらは流水で洗って鍋に入れ、たっぷりかぶるくらいの水を注いで強火にかける。
あくを取り除いたら弱火にし、その他の材料を加える。
あくを取り除きながら、深いこくが出るまで2時間ほど煮る。
厚手のキッチンペーパーなどで漉す。

蒸し焼き豚

→料理　P.102

豚肩ロース塊――200g
にんにく――1かけ
しょうが――1かけ
レモングラスの茎――1本
魚醬――小さじ2
バナナの葉――1～2枚

豚肉は薄切りにしてから、粗く叩く。

粗みじんぎりにしたにんにくとしょうが、レモングラスの茎の小口切りを加え、肉同士がつながるくらいまで叩く。

ボウルに入れ、魚醬を加えて混ぜる。

バナナの葉の中心にのせ、薄い四角形になるよう整える。

葉できっちりと包み、中身が見えてしまうようならばもう1枚葉を重ねる。

たこ糸などで葉が外れないようにしっかりと結ぶ。

中火で熱したフライパンに入れ、ふたをして焼く。

下面がこんがりとしたら裏返し、中まで火が通るように中弱火でじっくりと焼く。

焼けたら葉を開き、肉を取り分ける。

○バナナの葉の代わりに竹の皮やみょうがの葉、それもない場合はオーブンシートを使って巻いてもよい。

檸檬きゅうり

→料理 P.103

きゅうり——4本
セロリ——1本
にんじん——1本
にんにく——1かけ
香菜——数本
生赤唐辛子——1本
青い柑橘（すだち、シークワーサーなど）——約4個
煎り落花生——20g
雲南の水豆鼓——大さじ1
魚醤——約大さじ1
酢——大さじ2

きゅうりは皮をむいて縦半分に切り、手で食べやすい長さに折る。

セロリは細切りにし、にんじんはスライサーで削る。

にんにくは皮と芯を除いてつぶす。

香菜と生赤唐辛子は粗く刻む。

青い柑橘は半量を薄い輪切りにし、半量は汁を搾る。

供する前にすべての材料をボウルに入れてあえ、塩気と酸味をしっかりと感じるくらいに味をととのえる。

○雲南の水豆鼓は、納豆のような香りとほんのりとした辛さが特徴。刻んだ豆鼓小さじ1で代用してもよい。

傣族風蒸し魚

→料理 P.104

好みの白身魚――4切れ
香菜――1つかみ
青ねぎ――8本
レモングラスの茎――1本
生赤唐辛子――2本
にんにく――1かけ
しょうが――1かけ
青花椒――小さじ1
魚醤――大さじ1
酒――大さじ2

蒸し器に入る皿に白身魚を重ねないように並べる。

香菜、青ねぎ、レモングラスの茎、生赤唐辛子は小口切りに、にんにくとしょうがはみじん切りにする。

魚を覆うようにのせ、青花椒を散らし、魚醤と酒をふる。

蒸気の立った蒸し器に入れ、強火で5〜10分ほど蒸す。

身の厚いところに金串を刺して下唇にあて、熱く感じたら火を止め、熱々を供する。

すいかジュースにココナッツゼリー

→料理 P.105

［ココナッツゼリー］
ココナッツミルク――100g
水――200g
アガー――4g
グラニュー糖――30g
［すいかジュース］
すいか（正味）――400g

ココナッツゼリーを作る。

ココナッツミルクはよく混ぜてから、漉して鍋に入れ、水を加えてよく混ぜる。

アガーとグラニュー糖はよく混ぜておく。

ココナッツミルクの鍋を中火にかけ、泡立て器で混ぜながらアガーとグラニュー糖を少しずつ加える。

へらで混ぜながら煮て、中心から煮立ったら火を止める。

容器に流し入れ、粗熱が取れたら冷蔵庫で冷やし固める。

すいかはよく冷やしておき、皮と黒い種を除く。

ミキサーなどでなめらかなジュースにし、めいめいの器にすいかのジュースを注ぎ分ける。

ゼリーをすくって盛る。

莜面顿顿（野菜のくるくる麺）

→料理 P.106

［生地］
中力粉――200g
水――100g

［具］
じゃがいも、にんじん、玉ねぎ、香菜、キャベツ、セロリ――合わせて100g
菜種油――10g
塩

［たれ］
プチトマト――400g
にんにく――1かけ
菜種油――20g
花椒――少々
香菜――数本
塩

［仕上げ］
黒酢

中力粉に水を加えてひとまとめにし、表面がなめらかになるまでこねる。

ボウルをかぶせて30分ほどおく。

野菜はすべて千切りにし、香菜は粗く刻む。

ボウルに入れ、菜種油を加えて混ぜる。

乾いた台に打ち粉（分量外）をし、生地をのせて麺棒で1㎜厚さの大きな長方形にのばす。

生地のまわりを2㎝ほどあけて野菜をまんべんなくのせ、塩をふる。

手前からくるくるとのり巻きの要領で巻き、4㎝幅に切る。

オーブンシートを敷いた蒸篭に、間をあけて立てて並べる。

湯を沸かした鍋に蒸篭をのせ、強火で10分蒸す。

鍋に適当に切ったプチトマト、つぶしたにんにく、菜種油を入れて中火にかける。

とろりとするまで煮たら塩をふり、粗く挽いた花椒を加え混ぜる。

火を止めてから、粗く刻んだ香菜を散らす。

蒸し上がった麺を皿に盛り、熱々のたれと黒酢を好みでかける。

○具の野菜は好みのものを組み合わせる。

アスパラガスと茴香のスープ

→料理 P.108

アスパラガス――8本
茴香――4本
水――800g
塩

アスパラガスは下のかたいところを手折り、やわらかいところは斜めに食べやすく切る。

鍋にアスパラガスのかたいところ、茴香の茎、水、塩を入れてふたをして火にかける。

煮立ったら弱火で10分ほど煮て、塩味をととのえる。

香りが出て色が褪せたら汁だけを残し、煮立てる。

アスパラガスと茴香の葉を入れたら、すぐに火を止める。

菜花豆腐

→料理 P.110

菜花——100g
にんにく——1かけ
菜種油——大さじ4
豆腐——200g
酒——大さじ2
塩

菜花はたっぷりの冷水に放っておく。
湯を沸かし、塩を入れて菜花をやわらかくゆで、ざるに広げて水気を切る。
粗熱が取れたら細かく刻む。
フライパンを中火で温めつぶしたにんにくと菜種油の半量を入れる。
香りが立ったら、水気を切った豆腐を割り入れ、炒める。
豆腐が細かくなるまで炒めたら、刻んだ菜花を加える。
塩と酒をふり、全体が緑色になるまでさらに炒める。
仕上げに菜種油を回しかけて混ぜ、火を止める。

○中国では香椿と呼ばれる山菜を使う。菜花以外にも、春菊やよもぎ、たらの芽など、香りのある野菜や山菜で作るとおいしい。

涼粉

→ 料理 P.112

[粉皮《フンピー》]

- タピオカ粉 — 70g
- 片栗粉 — 30g
- 水 — 200g

[具]

- 落花生 — 40g
- きゅうり — 1本
- ピーマン — 2個
- 米油
- 香菜

[たれ]

- しょうゆ — 小さじ2
- 青唐辛子酢 — 小さじ2
- 黒酢 — 小さじ2
- 辣油 — 小さじ2
- ごま油 — 小さじ1

鍋にたっぷりと湯を沸かしておく。

粉皮の材料をボウルに入れて泡立て器でよく混ぜ、小バットに150g分を流す。

すぐに鍋の湯にバットごとつけ、強火で5分ほど火を通す。

表面が固まってきたらバットを湯に沈め、さらに15分ほど、全体が透き通るまで強火でゆでる。

湯を切り、バットごと水を張ったボウルにつける。

フライ返しで粉皮を剥がし、流水にさらす。

水気を切り、食べやすい太さに切って器に盛る。

落花生は小鍋に入れ、ひたひたの米油を加えて弱火で揚げ、色づいたら油を切る。

千切りにしたきゅうりとピーマン、刻んだ香菜、素揚げの落花生を盛る。

たれの材料を混ぜてかける。

インド

india

ライタ

→料理 P.114

ヨーグルト——200g
トマト——中1個
きゅうり——1本
赤玉ねぎ——1/4個
香菜——数本
チリペッパー——少々
塩

ボウルにヨーグルトを入れる。

小さく切ったトマト、スライサーで削ったきゅうり、みじん切りにして水にさらした赤玉ねぎ、ざく切りの香菜を加える。

塩を入れて混ぜ、器に盛り、チリペッパーをふる。

緑のチャツネ

→料理 P.114

にんにく――1かけ
青唐辛子――2〜4本
塩――小さじ1／4
バジリコ――20g

すり鉢または石臼に皮をむいたにんにく、青唐辛子、塩を加え、ねっとりするまですりつぶす。

バジリコの葉をちぎって加え、なめらかになるまですりつぶす。

○バジリコの代わりに、香菜やミントを使ってもよい。

スパイスライス

→料理 P.114

長粒米――2カップ
ホールスパイス（カルダモン、ブラウンカルダモン、クローブ、シナモン、メースなど）

長粒米はさっと洗って鍋に入れ、スパイスをのせ、米と同量の水を注ぐ。
ふたをして中火にかけ、沸騰したら弱火で15分炊く。
最後に5秒ほど強火にして火を止める。
蒸らしてからスパイスを除き、さっくりと混ぜる。

青菜のカフリ

→料理 P.114

- 好みの青菜――200g
- オクラ――100g
- 青唐辛子――2本
- トマト――50g
- しょうが――1かけ
- にんにく――1かけ
- ホールスパイス(ジャキア、マスタード、クミンシードのいずれか)―小さじ1/2
- コリアンダーパウダー――小さじ1/8
- チリペッパー――小さじ1/8
- 菜種油――大さじ2
- 塩

青菜、オクラ、青唐辛子は小口切りにする。
トマトは小さく刻み、しょうがとにんにくはすりおろす。
鍋を弱火で熱して菜種油を入れ、ホールスパイスを加えて炒める。
香りが立ったら、にんにくとしょうがを加える。
刻んだ野菜とトマトを加え、コリアンダーパウダーとチリペッパーをふる。
塩をふり、中弱火でしばらく煮たら全体を混ぜる。
焦がさないような火加減で、あまり頻繁に触らないようにする。
ひと塊になってきたら、へらで鍋に押しつけるように火を通す。
水をひたひたに加え、ふつふつと煮立つくらいの火加減で煮る。
とろみがついてきたら塩味をととのえ、火を止める。

○カフリはとろみのある野菜の煮もの。本来はベサン粉(ひよこ豆を挽いた粉)を加えてとろみをつける。ここではオクラでとろみづけをした。

焼きなすのバルタ

→料理 P.114

なす――中4本
菜種油――40g
クミンシード――小さじ1／2
玉ねぎ――中1／2個
にんにく――1かけ
しょうが――1かけ
トマト――1／2個
香菜――数本
青唐辛子――2本
ターメリック――小さじ1／2
チリペッパー――小さじ1／2
コリアンダーパウダー――小さじ1／2
ガラムマサラ――少々
塩

なすは網にのせ、丸ごと黒くなるまで強火で焼く。冷めたら皮をむき、ひと口大に切る。

菜種油を弱火で熱し、クミンシードを入れ、油の中で泳がせるように炒める。

香りが立ち、クミンシードの色が濃くなったら、玉ねぎの粗みじん切りを加えて火を強める。

茶色くなるまで炒めたら、にんにくとしょうがのすりおろしを加えて火を弱める。

さらにトマトと香菜の根と茎のみじん切りを加え、とろりとするまで炒める。

塩、ターメリック、チリペッパー、コリアンダーパウダーを加えて弱火でなじませる。

なすを焼き汁ごと加え、中火で炒め合わせる。

ガラムマサラを加えてひと混ぜしたら、火を止める。

粗く刻んだ香菜を散らす。

○バルタは蒸したり炙り焼きにしたりしたものを指す。

かぼちゃのサブジ

↓料理 *P.114*

かぼちゃ——中1／4個
玉ねぎ——1／2個
にんにく——1かけ
しょうが——1かけ
ホールスパイス（ジャキア、マスタード、クミンシードのいずれか）——小さじ1
菜種油——大さじ2
黒こしょう
塩

かぼちゃは種とわたを取り、薄切りにする。

玉ねぎは薄切りにし、にんにくとしょうがはすりおろす。

フライパンに菜種油を入れて弱火で熱し、ホールスパイスを入れて炒める。

香りが立ったら、にんにくとしょうがを加える。

ほんのりと色づいたら、かぼちゃと玉ねぎを入れて塩をふり、ふたをして中弱火で蒸し炒めにする。

その間は混ぜすぎないようにし、全体にやわらかくなったら鍋底から大きく混ぜる。

黒こしょうを挽き、塩味をととのえる。

マサラチャイ

→料理 P.115

しょうが ―― 1かけ
カルダモン ―― 2〜3粒
シナモンスティック ―― 数cm
クローブ ―― 3粒
水 ―― 300g
紅茶 ―― 大さじ1
牛乳 ―― 150g
黒砂糖、またはきび砂糖

しょうがは包丁の腹で叩きつぶす。

カルダモンはさやをつぶして中の種を出す。

鍋にしょうが、カルダモンの種と皮、シナモンスティック、クローブ、水を入れて中火にかける。

香りが立ち、湯に色がついてきたら火を止め、紅茶を加える。

中火にかけ、再び沸騰したら牛乳と好みの量の砂糖を加える。

再び沸騰したら、チャイグラスやカップに漉して注ぐ。

○紅茶はCTC（茶葉の丸まったミルクティー用のもの）を使う。

白菜のサブジ

→料理 P.116

白菜――1／8個
しょうが――小1かけ
にんにく――1かけ
菜種油――40g
クミンシード――小さじ1／2
ターメリック――小さじ1／4
チリペッパー――小さじ1／4
コリアンダーパウダー――小さじ1／4
塩

白菜は適当な大きさに刻む。

しょうがとにんにくはすりおろす。

フライパンに菜種油を入れて弱火で熱し、クミンシードをじっくりと炒める。

油の中で泳がせるようにして、香りが立つまで炒める。

しょうがとにんにくのすりおろしを加え、火を弱める。

香りが立ったら白菜を入れ、ターメリック、チリペッパー、コリアンダーパウダーを加えて塩をふる。

ふたをして中弱火で蒸し煮にする。

時々混ぜ、くったりとしてやわらかくなったらふたを取る。

水分があれば軽く飛ばし、塩味をととのえる。

インド風炒り卵

↓料理 P.118

卵――4個
玉ねぎ――1個
ししとう――4本
トマト――1個
スパイスミックス（ガラムマサラ、カレーパウダーなど）――小さじ1／4
菜種油――大さじ4
香菜――数本
塩

卵をざっと溶く。
玉ねぎ、ししとう、トマトはそれぞれ粗く刻む。
フライパンを熱して菜種油を引き、玉ねぎを入れて中強火で炒める。
こんがりと色づいてきたら、トマトとししとうを加える。
スパイスミックスと塩をふり、卵を流す。
へらで大きく混ぜ、かたまってきたら細かくほぐすように炒める。
粗く刻んだ香菜を加え混ぜ、塩味をととのえて火を止める。

カジューバルフィ

→料理 P.120

3×15㎝ 1本分

デーツ	50g
いちじく	50g
アーモンド	20g
カシューナッツ	20g
ピスタチオ	10g
無塩バター	5g

デーツといちじくはかたいところを除いて適当に刻む。

フードプロセッサーでねっとりするまで撹拌する。

アーモンドとカシューナッツは、予熱なしのオーブン170℃で約10分、うっすら色づくまで煎る。

火を止めてピスタチオを加え、余熱で煎る。

ナッツが冷めたら、すべて合わせて粗く刻む。

フライパンを中弱火にかけてバターを溶かし、ナッツを加えてさっと炒める。

デーツといちじくのペーストを加えて、むらなく混ぜる。

オーブンシートにのせ、3㎝の棒状に成形する。

シートでくるみ、両端をきっちりと留める。

冷蔵庫で冷やし固め、食べやすい厚さに切って供する。

ダール

→料理 P.122

イエロームング豆——200g
にんにく——1かけ
しょうが——1かけ
玉ねぎ——中1/2個
ギーまたは菜種油——大さじ1
クミンシード——小さじ1/2
トマト——中1個
ターメリック——小さじ1/2
コリアンダー——小さじ1/2
チリペッパー——小さじ1/4
香菜——数本
塩

イエロームング豆は洗い、しばらく水につけておく。

にんにくとしょうがはすりおろし、玉ねぎは粗みじん切りにする。

鍋にギーまたは菜種油を入れ、弱火で熱する。

クミンシードを入れ、香りが立つまで炒める。

にんにくとしょうがのすりおろしを入れ、色づいたら、玉ねぎを加え、火を強めてこんがりするまで炒める。

ざく切りにしたトマトを加えて、とろりとするまで炒める。

塩、ターメリック、コリアンダー、チリペッパーを加える。

豆をつけた水ごと加え、さらに水をたっぷりかぶるくらい注ぐ。

沸騰したらふたをして弱火にし、30分ほど煮る。

豆がやわらかくなったら、塩味をととのえて火を止める。

香菜を刻んで散らす。

○豆は緑豆、ひき割りの緑豆、レンズ豆、赤レンズ豆など、小粒の好みの豆を使う。

イタリア　*italy*

カリフラワーのアッフォガート

→料理　*P.125*

カリフラワー	1個
玉ねぎ	1／2個
ワイン（赤白どちらでも）	40g
オリーブ油	大さじ4
アンチョビ	大1枚
グリーンオリーブ	8〜12個
塩	

カリフラワーは冷水に浸しておく。
鍋に玉ねぎの薄切りとカリフラワーを丸のまま入れて塩をふる。
ワインとオリーブ油を回しかける。
ふたをして中火にかけ、音がしてきたら弱火にして1時間ほど煮る。
芯に串がすっと通るくらいにやわらかくなったら、火を止める。
カリフラワーを器に盛る。
煮汁に刻んだアンチョビとグリーンオリーブを加えて煮立て、カリフラワーにかける。

焼き赤玉ねぎ

→料理　P.126

赤玉ねぎ――大4個
オリーブ油――大さじ2
赤ワインビネガー――大さじ2
オレガノ
塩
赤玉ねぎは皮ごとオーブンシートを敷いた天板に並べる。200℃のオーブンで1時間ほど、芯までごくやわらかくなるまで焼く。
冷めるまでおき、皮をむいて大きく切り分ける。
オレガノを指先でもんでふり、オリーブ油、赤ワインビネガー、粗塩をふる。

トマトソースのマッケローニ

→料理　P.127

［マッケローニ］
セモリナ粉――200g＋打ち粉用
水――180g
セモリナ粉をボウルに入れ、中心にくぼみを作って水を注ぐ。
スプーンなどで中心から少しずつ混ぜ、ひとまとまりにしたら台の上でしっかりとこねる。
表面がなめらかになったら、ボウルをかぶせて30分ほどおく。
生地に打ち粉をまぶし、麺棒で1㎝厚さの長方形にのばし、さらにナイフで1㎝×5㎝に切り分ける。

［ソース］
トマト水煮――――――――――――４００g
にんにく――――――――――――１かけ
バジリコ――――――――――――２枚
オリーブ油――――――――大さじ４＋仕上げ用
塩

打ち粉をまぶし、金串や竹串などの上に切り分けた生地をのせ、手のひらで軽く力を入れて転がし、中心に穴が空くようにする。串をそっと抜き、互いがくっつかないように台の上に広げておく。

フライパンにトマト水煮、つぶしたにんにく、バジリコ１枚、オリーブ油、塩を入れて中火にかけ、とろりとするまで煮る。

たっぷりの湯を沸かして塩を入れ、マッケローニをゆでる。再沸騰したら５分ほどゆで、ざるに上げてざっと湯を切る。

ソースを中火にかけて煮立て、マッケローニを入れてよくあえる。火を止めて残りのバジリコの葉とオリーブ油を加えて、艶が出るまで混ぜる。

熱々を温めた皿に盛る。

ゆで魚

→料理 P.128

好みの白身魚――1尾
レモン(無農薬)――1個
ハーブ(フェンネル、イタリアンパセリなど)
――1つかみ
オリーブ油
塩

魚は鱗とわたを取り、流水でよく洗う。
鍋に魚がかぶるくらいの水を注ぎ、レモン半個とハーブを入れて強火にかける。
沸いたら魚を入れて強火でゆで、あくが出たら取り除く。
魚に火が通ったら器に盛り、オリーブ油をかけ、粗塩をふり、残りのレモンを添える。

○魚は白身魚、青魚など好みのものを丸のままゆでる。手軽に切り身で作ってもよい。

アーモンドのグラニータ

→料理 P.129

アーモンド(皮つき)――100g
グラニュー糖――100g
水――200g
[仕上げ]
焼きメレンゲ――4個

アーモンドは鍋に入れ、たっぷりかぶるくらいの水を加えて中火にかける。
煮立ったら30分ほどゆでる。
冷水に取って皮をむき、洗う。
ミキサーに入れ、グラニュー糖と水を加えて1分ほど撹拌する。
さらしを敷いたざるに入れて絞る。
漉した液体をバットに薄く流し、冷凍庫で凍らせる。
フォークでまんべんなく掻いたら、もう一度凍らせる。
再びフォークで掻き、さくさくに削る。
冷やしておいたグラスに焼きメレンゲを砕き、グラニータと盛り合わせる。

ジャムのクロスタータ

→料理 P.130

直径約20㎝大

好みのジャム————１２０g

［生地］

無塩バター————70g

薄力粉————１２０g

強力粉————60g

グラニュー糖————60g

塩————１g

卵————１個

バターはよく冷やしておき、１㎝角に切る。

ボウルに粉類をふるい、グラニュー糖と塩を混ぜる。

バターを加え、手早く粉となじませるように、両手のひらですりあわせる。

バターの粒が小豆大くらいになったら、溶き卵を加える。

カードで押しつけるように、こねすぎないようにしてまとめる。

ラップで包んで平たくし、冷蔵庫で一晩休ませる。

生地を取り出して、２枚のラップではさみ、麺棒で５㎜の厚さにのばす。

直径約20㎝の皿を逆さにしてかぶせ、縁に沿って丸く切る。

まわりの生地はラップで包んでまとめ、平たくして冷やしておく。

丸く切った生地にオーブンシートをのせて返し、フォークでまんべんなく穴を開ける。

天板にのせ、１８０℃のオーブンの下段で約20分焼く。

縁がうっすら色づいたら、天板のまま取り出して冷ます。

残りの生地を３㎜の厚さにのばし、１㎝の帯状に切る。

帯状の生地で縁をぐるりと囲み、円の内側にジャムを塗る。

ジャムを塗った上に帯状の生地で格子状に飾りをつける。

１８０℃のオーブンの上段でさらに約30分、おいしそうな焼き色がつくまで焼く。焼けたら取り出し、網にのせて冷ます。

夏野菜にサルサヴェルデ

→料理　P.132

［サルサヴェルデ］

- 田舎パン――２０g
- 赤ワインビネガー――大さじ２
- イタリアンパセリ――５０g
- にんにく――小２かけ
- アンチョビ――１０g
- ケッパー――小さじ１
- ゆで卵の黄身――１個
- オリーブ油――１００g
- 塩、こしょう

［好みの具］

- トマト、焼きパプリカなど

田舎パンは、ほぐして赤ワインビネガーにつける。イタリアンパセリ、にんにく、アンチョビ、ケッパーは、それぞれみじん切りにする。

ふやかしたパンを加え、さらに細かく刻む。

ボウルに入れ、ゆで卵の黄身、オリーブ油を加え、なめらかになるまで混ぜる。

塩、こしょうを加え、味をととのえる。

○ケッパーは塩漬けならば、塩抜きせずに使い、塩は加えない。

魚のパスタ

→料理 P.134

［パスタ］
強力粉――240g
水――110g
［ソース］
好みの魚――1尾（約400g）
ハーブ（ローリエ、オレガノ、イタリアンパセリなど）
にんにく――1かけ
玉ねぎ――中1個
赤唐辛子――4本
トマト水煮――200g
オリーブ油――大さじ4
塩

ボウルに強力粉を山にして入れ中心をくぼませ、水を注いでスプーンなどで混ぜる。

ひとまとめにしたら、台に移して表面がなめらかになるまでこねる。

生地にボウルをかぶせて、30分ほど休ませる。

打ち粉（分量外）をし、麺棒で1㎜の厚さにのばし、幅3㎝×長さ10㎝に切る。

重ならないように、乾いた板の上に広げておく。

魚は三枚におろし、あらは湯引きしてから洗う。

あらを鍋に入れ、水をかぶるくらい注いで強火にかける。

煮立ったらあくを取り、ハーブを加えて10分ほど煮る。

あらの骨から身を外し、汁は漉す。

にんにくはつぶし、玉ねぎは薄切りにする。

鍋を中火にかけてオリーブ油を入れ、にんにく、玉ねぎ、種ごとちぎった赤唐辛子を加えて炒める。

塩をふり、玉ねぎがとろりとしたら、三枚におろした魚の身を入れてよく炒める。

身が細かくくずれてきたら、トマト水煮を加えて炒める。

とろりとしたら、あらから外した身と漉した汁を加える。

中強火で煮て、あくを取りながら10分ほど煮る。
湯をたっぷりと沸かし、粗塩（分量外）を入れてパスタをゆでる。
再沸騰したらすぐにざるに上げ、熱々にしたソースの鍋に入れて中火であえる。
塩味をととのえて火を止め、オリーブ油を加えて艶が出るまでよく混ぜる。

オーブンカポナータ

↓料理 *P.136*

じゃがいも	中1個
なす	大2個
パプリカ	大2個
赤玉ねぎ	大2個
トマト	中2個
セロリ	1本
バジリコ	1枝
オリーブ油	大さじ4
きび砂糖	30g
赤ワインビネガー	50g
干しぶどう	1／4カップ
松の実	1／8カップ
ケッパー	20g
グリーンオリーブ	20粒
塩	

じゃがいもは1㎝厚さのいちょう切りにして水にさらす。

なすは2㎝大に切り、水にさらす。

その他の野菜はすべて2㎝大に切る。

じゃがいもとなすをざるに上げ、その他の野菜とともにボウルに入れる。

バジリコ、オリーブ油、塩を加えてよく混ぜる。

耐熱皿に入れて、200℃のオーブンで、時々混ぜながら40分ほど焼く。

じゃがいもがやわらかくなったら取り出す。

小鍋にきび砂糖を入れて中火にかけ、色づいてきたら赤ワインビネガーを加えて煮立て、焼いた野菜が熱いうちに回しかける。

水で戻した干しぶどう、松の実、ケッパー、グリーンオリーブを加え、塩味をととのえてよく混ぜ、なじませておく。

○ケッパーは塩漬けならば、塩を洗ってから加える。

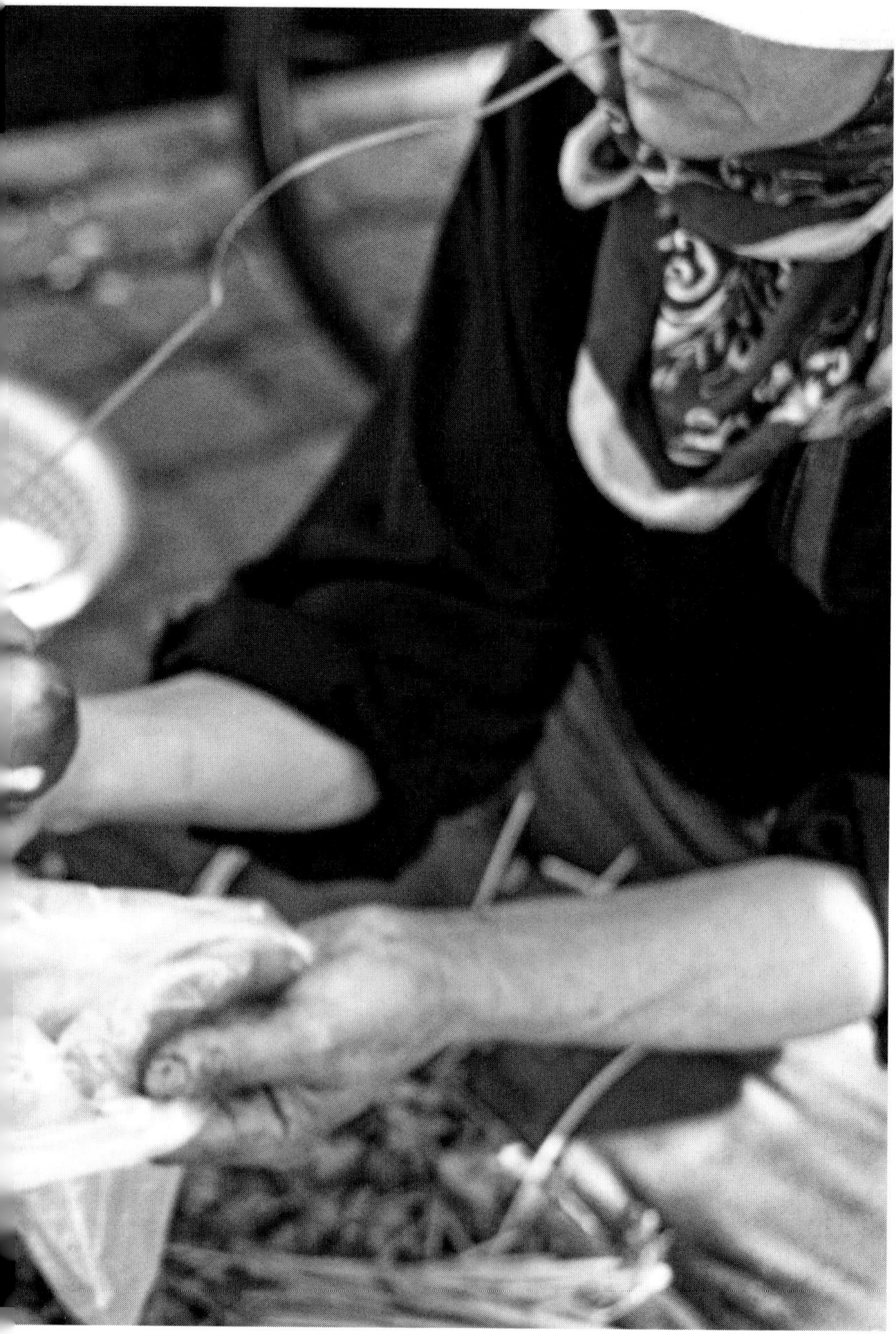

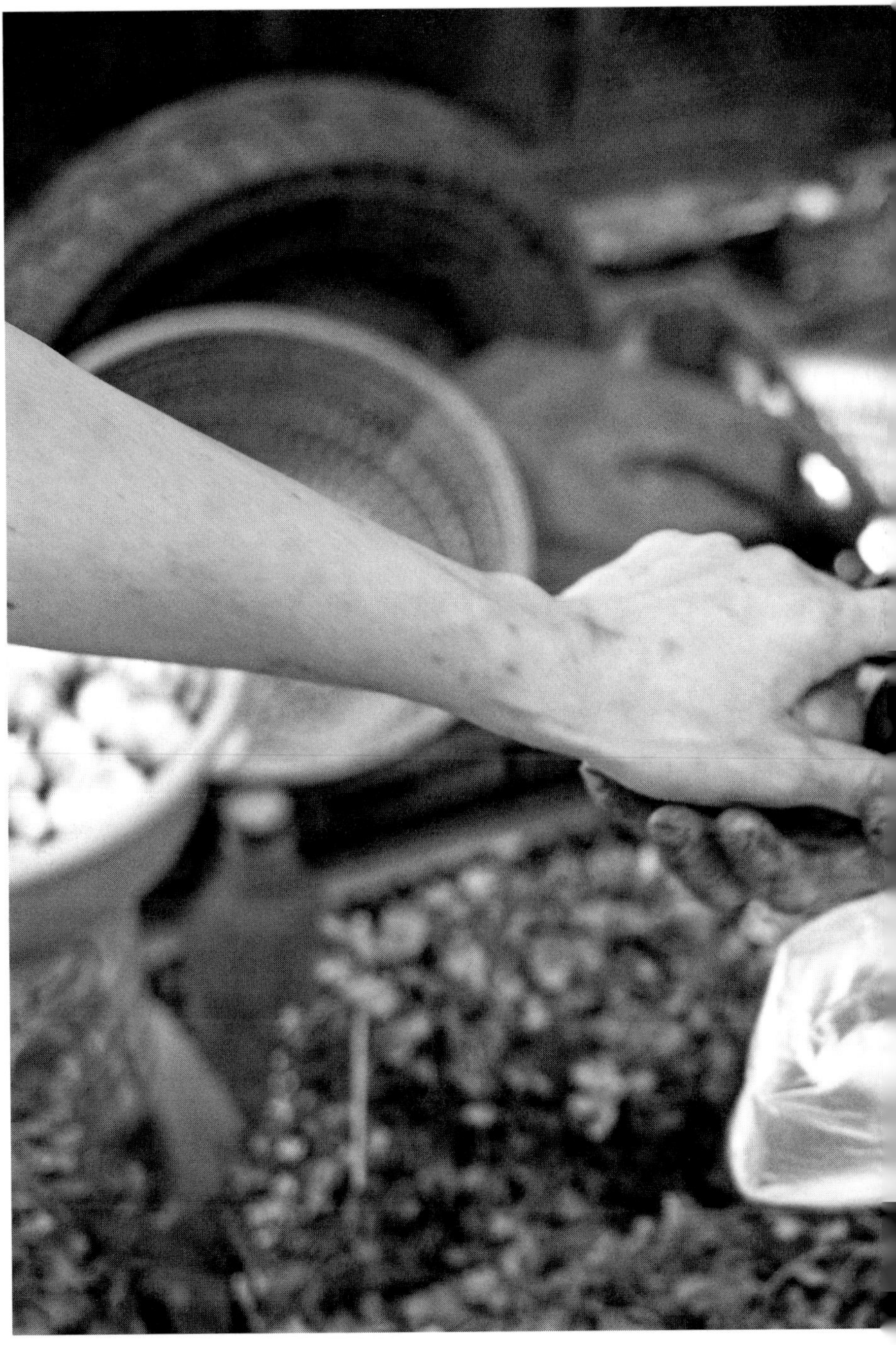

おわりに

人が暮らすところには料理がある。人が暮らすところとは、小さな単位で考えると、それは家だ。人がいて、家があり、台所や食卓がある。そこで日々繰り広げられてゆくのが、料理、そして食べるという行為だろう。それは世界中のどんな国においても同じはずだ。

料理は、台所を預かる人にとっては、時に面倒な日々の雑事のひとつでもある。料理を生業としながら、妻であり、母でもある私にとっても変わりはない。しかし、自分が食べて本当においしいと思う料理、作りたいと思う料理は、他のどこでもない、〝家〟でしか生まれ得ないということを、いま、身に沁みて感じている。

三食手を抜かずに私を育ててくれた母、訪ねて行くといつも大喜びで腕をふるってくれた祖母や叔母。毎日のように互いの家を行ったり来たりしながら、料理を作り合った東京の友。いつも私を支え、私が疲れている時や病に倒れた時には、私の家族ごと受け入れ、飾らないおかずと炊きたてのご飯で元気づけてくれる友。私ひとりのために、小さな台所でさまざまな国の料理を作り、小さな食卓に並べきれないほどのご馳走で目も心も楽しませてくれる友。イタリア、フランス、カナダ、中国、台湾、韓国、インド……、海を越えて、両手を広げて迎えてくれる友。彼らの家は、私にとって、どんな星つきのレストランにも負けない魅力がある。

イタリアでの日々が、私に教えてくれたこと

　私の〝旅と料理〟が始まったのは、いつのことだったのだろう。親元を離れ、初めに暮らしたのは、中部イタリアの小さな村の家だった。家で食べる野菜や家畜は、自分たちで育てる。鶏や兎を絞め、肉にする。魚は川で釣る。ぶどうを育て、摘み、ワインを作る。育てた小麦でパンをこね、ぶどうの枝を集めて窯にくべ、パンを焼く。日曜日はパスタを打ち、乾かして、また別の日にも食べる。収穫した豆を、広げて天日で乾かす。夏の完熟トマトを瓶詰めにする。そのトマトで毎日のように肉を煮て、汁はパスタに絡め、肉は主菜として食べる。いつも窓から埃っぽい畑の風が吹き込み、孫を叱りつけるおばあちゃんの怒声が響く、決して居心地のよい家ではなかった。でも、食べるということが、あれほど日々の暮らしとつながっていたことは、後にも先にもない。そこで食べる料理は、〝料理家〟と呼ばれる私が頭を捻って考える料理や、料理人がお金を払って食べに来る客に工夫を凝らして作る料理とは、まったく別の次元のものだった。生きることは食べることであり、食べることは生きることである。料理の根っこにあるものを、教えてくれたのはあのイタリアでの日々にほかならない。

　料理を求めて旅に出る。旅先で料理をし、また、旅から戻り、料理をする。〝旅と料理〟は、いつしか私にとって切っても切れないものとなっていった。料理を人生の伴侶として選んだからこそ、続けてこられた旅。旅を続けてきたからこそ、出合うことのできた料理。そして、旅や料理を結ん

でくれる人との出会い。すべてがかけがえのない、私の財産だ。

旅からもらう幸福は尽きることがない。その幸福を料理に変え、食べる人の心を少しでも明るくすることが、私の使命なのだろう。

だから、私は、きっとまたこれからも旅に出る。料理を求めて旅に出る。

細川亜衣

お世話になった方たち（敬称略）

台湾
謝小曼
洪聿文
栖来ひかり

韓国
崔智恩
金昌基
簾智有希子
朴炫信

フランス
Isabelle Sipp

モロッコ
Masami Ishida
Yasmina Ishida
Valerie Barkowski
Souhail Tazi
Delphine Warin

インド
真木千秋

フィガロジャポン編集部　田代佐智子